U0025336

相信閱讀

Believing in Reading

恭將本書

獻給一九四九年國共戰爭中，在大陸捐軀沙場的父親陳壽人將軍（一九一一—一九四九）

獻給在台灣含莘茹苦、獨力撫養我和兄姊們長大的母親陳林劍吾（一九一四—二〇〇四）

獻給，永遠、永遠，不再被戰火摧折、骨肉分離的兩岸人民

假設的同情

—兩岸的理性與感性—

陳長文 著

| 社會人文 GB224 |

推薦序

追求台灣人民最大福祉

林義雄

陳長文大律師的新著，我有幸在出版前能先睹爲快。我非常樂意向大家推薦，這是一本非常值得一讀的好書。

統獨問題，牽涉層面既深且廣，涵蓋政治、經濟、文化、歷史、國際局勢等，非有淵博的學識、犀利的理性思辯，難以爬梳清理。就這一方面，陳大律師精湛的學養，加上長期從事國際事務乃至海基會秘書長的難得經驗，使他在爲文論述時，能充分深入淺出，常能言人之所未言，仔細品味又極通情達理。

但我認爲他這本書最傑出的還不只是理性析論的部分，他對於感性的處理態度，更值得大家深入體會。

統獨認同，本來就是極度感情性的議題。由於感性過度濃烈，往往使自己陷入其中不可自拔，於是再好的學養訓練、理性思辯能力都受扭曲，因此常見名重一時的學界人士對這問題，理愈說愈不清楚。

陳律師長期參與國際紅十字會的人道工作。我相信，這項工作使他能比一般人更願意去瞭解體會別人的處境和情感，使他常能採取迥異於凡俗的角度討論統獨。這種設身處地的態度使他在這本書開宗明義第一章就從「假設的同情」討論出發。

當一個人能爲他人設身處地思考時，非常奇特，不只是對對方會有更深入的瞭解，往往還能從對方的眼光中看到被自己意識忽略掉的自我，甚至從中超越雙方成見，而獲得一個更寬廣的視野，更深刻的洞見。

自己的感性經過這樣的處理，陳律師法學爬梳事理精要的本事得到更充分的發揮了。這本事，尤以陳律師爲統獨的定義、交集、異同和實踐目標、實踐策略做的好幾份圖形分析最爲精采，提供我們在討論統獨問題時一些非常有用的架構。

陳律師的諸多分析架構，雖有許多我所沒想像到的簡潔明晰，但是我也非常高興地發現，雖然陳律師的統派論述迄今未能說服我，但其間的許多構想和論點，尤其是分析的方法，和我長期思索的有非常接近的地方。所以在終極目標的追求上，我雖不如陳律師一樣樂觀地認爲台灣內部和兩岸之間可以達到共識，但是對打破溝通的障礙，化解誤會對立，從而尋找和平互惠之道，卻增加了許多信心。尤其是他認爲大家對兩岸未來期待雖有不同，但對現狀的安排可以找到的三項交集，我可以說只有贊成和佩服的分，那就是：以追求台灣人民最大福祉爲共同目標；以台灣是主權獨立國家定位現狀；以協助中國大陸成爲民主國家爲共同路徑。

另外，他對政治體制認同和文化生活的加以區隔，認爲政治獨立不應與文化歷史混淆，這主張迥異於傳統基本教義派的統獨雙方，實在是一個典型的現代自由主義者的態度，是目前統獨對峙的雙方可以深入品味的。

儘管未來的目標各有不同，對歷史的理解仍有差異，但在這本書中，我實在找到非常多同意和佩服的地方，展讀之餘，獲益良多，謹誠摯地向大家推薦。

（本文作者爲現任立法委員）

推薦序

兩岸和平新思惟

我常說現階段的兩岸問題（尤其是主權問題），不可能立刻「解決」（solve），只能加以「管理」（manage），使它不致失控而影響兩岸的穩定。陳律師最近將出版的新書《假設的同情》，恰印證了我的想法。

我與陳律師在生涯中多次交會，他是我敬佩的台大法律系及哈佛法學院的學長，後來我們都參加哈佛同學會及中國國際法學會的工作，先後都擔任過會長或理事長。但最令我記憶深刻、意義重大的合作經驗，則是在一九九一年我奉派擔任行政院陸委會特任副主委，當時陳律師則是海基會的副董事長兼秘書長，同時也是紅十字會總會的秘書長。在創設海陸兩會、解凍兩岸關係（如九二香港會談）及建立交流制度（如兩岸人民關係條例），我們都是第一線的規劃者，也經常接觸溝通、交換看法、化解摩擦。

陳律師是國內知名的理律法律事務所主持律師，長年從事法律實務工作，對大陸事務也一貫務實——有興趣、沒幻想，讓談判對手起不了僥倖之心。但就像他在本書第一章引羅素之語：「在我們批判別人之前，先要有一種『假設的同情』。」正因爲他始終能懷抱著同理心去理解對手、傾聽相反意見，使大陸方面不得不由衷敬佩。陳律師從海基會的奠基成立開始，數度率團前往大陸交涉，無論是「三保警遭挾持」事件、遣返偷渡客及刑事犯的「金門協議」，他都能獲致雙方均感公平的談判結果，也爲一九九三年的辜汪會談營造出對等尊嚴的談判氣氛。

本書發表距陳律師一九九二年二月辭卸海基會秘書長，已有十三年餘。這十三年來，陳律師持續關心兩岸事務，不斷發表相關評論文字，他從具體的歷史、法理及國際政經局勢等面向入手，逐步架構出他的兩岸論述。他雖然大膽地碰觸統獨問題，但他發自人性的關懷、理性的態度，使得他的言論不曾引起針鋒相對式的激烈爭辯，也可說是陳律師獨到之處。

本書各章節內容發表的時間雖然不一樣，但是作者的基本信念及思考邏輯卻相當一致，他身爲一個自由主義者的立場也明確堅定，不曾動搖，在當前意識形態掛帥的政治氣氛之中，宛若一股清流。這種態度也使他能避開常見的思考盲點，提出眞摯而獨到的看法。例如，本書第十二章裡，作者從美國波多黎各公投選票上互動式的用詞出發，指出兩岸僵局的原因之一，正是少了這樣的互動性思惟，而流於霸氣的表演。第十八章〈數字的迷思〉中，他提出「尋找正確的外交戰場」的思考方向，而不拘泥於邦交國數字的多寡，也值得執政當局重新審視當前外交工作的性質與目標。

關心人權、注重程序正義的陳律師，在第十六章裡嚴正地指出「人權是一種信念，不是裝飾品」，以「兩岸人民關係條例」對大陸人民不合理的歧視規定為切入點，以人權作為普世價值、衡量制度及施政的標準。乍看之下，這似乎與統獨爭議的解決無關，事實上，陳律師是回歸到啓蒙時代的傳統，也就是美國獨立宣言所宣稱，人們成立政府的目的，是為了保障人民的生命、自由和追求幸福的權利。因此，陳律師才會慨然說出：「制度比國家認同重要。」這樣一句相當「政治不正確」的話，可能引起眾怒，但就像本書第二十二章所說的，大陸本身的民主化將是一個關鍵。大家最終都得承認，自由、民主、均富應該是衡量任何統獨主張的上位價值。

讀者也可以從陳律師書中對獨派、統派及大陸方面的勸告，看出他立論的持平、理性且充滿哲思，頗有上個世紀美國聯邦最高法院大法官荷姆斯（Oliver Wendell Holmes）、馬歇爾（Thurgood Marshall）的風格。但是，這些勸告如「耐心比勇氣重要」、「因信心而體諒」、「最大善意解」、「共同的等待」，肯定會讓某些人覺得刺耳。我則衷心盼望這些「逆耳忠言」不要全成爲「馬耳東風」。

最後我想強調的是，陳律師在書中呼籲政府必須窮盡一切避免戰爭的發生，並不是一種投降主義，而是反映社會大眾渴望和平的心聲。陳律師在書中引用泰戈爾所說：「他把刀劍當作他的上帝。當他的刀劍勝利的時候，他卻輸掉了自己。」對照著《聖經》〈以賽亞書〉第二章第四節的名句：「他們要將刀打成犁頭，把槍打成鐮刀。這國不舉刀攻擊那國，他們也不再學習戰事。」啓示我們，和平不只是優美的詩篇，也是一個值得我們盡力去追求努力的目標。君不見連戰主席今年四月二十八日在北大的演講也說道：「化刀劍爲犁鋤，化干戈爲玉帛」，可見「和平」確定是一項普世接受的價值。

（本文作者爲現任台北市長、國民黨主席）

推薦序

專業、奉獻、親情

——陳長文的「完美平衡」

高希均

（一）

馬英九先生與林濁水先生所寫的序，已對本書的內容做了深入的分析與清晰的導讀。因此我就略談本書的作者陳長文博士。

有人認爲他是世界級的大律師，有人認爲他是兩岸談判的第一高手，有人認爲他是教學出色的大學教授。有人還記得他曾經名列全國高所得排行榜中，也有人注意到他花在公益與大愛事務上的時間相當多，也有人知道不管他多忙，他總保留週末的時間給家庭。

這些當然都是今天陳長文律師的縮影。他是國內外華人世界中規模最大的「理律法律事務所」的掌門人。

更寬廣地說，陳律師是一位有所爲有所不爲的人。在他擔任海基會秘書長時，他是一位做什麼像什麼的人；正如他現在所擔任的中華民國紅十字會總會長一樣地投入。除了多年來在政大與東吳教授法律課程以外，近年來還與他的理律同事去大陸的北大、清華及上海交大授課。

（二）

十五年前，在他擔任海基會第一任秘書長的時候，筆者也是海基會的董事，得以近距離觀察他的才華，了解他工作的苦心，體會他忍受的委屈，更展現了他談判的長才。兩年多後，當他辭退海基會秘書長時，我們就感覺到兩岸關係再也難以推展，似乎不幸而言中。

值得慶幸的是，儘管他卸下了秘書長職務，他對兩岸關係的關注從未間斷。做爲一個立足台灣的中國知識分子，怎麼可能對兩岸僵局冷漠以待？

解不開的中國「結」，變成了中國人永遠的「痛」。

對從不服輸的長文來說，只要有「結」，就要設法「解」。這是挑戰，更是責任。

因此，近年以來，他不斷公開地發表文章，引起海內外的重視。

去年（二〇〇四）七月，北京的「海峽兩岸關係研究中心」在杭州舉辦「兩岸關係與經貿交流」研討會，我們應邀各寫了一篇文章，他的題目是「追求統一，非善意不爲功」，我的題目是「推動兩岸經貿雙贏——從大格局出發」。他建議把二篇裝訂成冊，長文在序文中寫著：「……巧合地發現，二文有著『宏觀』與『微觀』、『目標』與『手段』、『後端』與『前端』，遙相呼應的巧合。」

長文的文章，眞是文如其人，兼具理性與感性。他的文章值得細讀，是因爲既能以「理」服人，又能以「情」感人；更充滿了細緻的文采、人性化的觀察、同理心的反思。

（三）

長文在一生中打過很多美好的仗。完全沒有意料到，最痛苦的一仗竟然發生在家門之中。

回到前年（二〇〇三）十月。理律法律事務所發現留職停薪的劉偉杰，涉嫌盜賣客戶託管股票三十億台幣，三十億元的背叛，幾乎可以使理律破產。

在當時接受《遠見》的專訪中，長文說：「關門可能是損失最小的方式，但卻是最鴕鳥的方式。就因爲一個人、一件事，三十五年（努力）盡作煙塵。」

他又說：「這次的事件，我們會當成一個學習。雖然代價很大，絕不會因此動搖我們對人、對事，及對社會的信任。」

「懷疑」或許是做律師的「天性」；可是，「信任」卻是陳律師的人格特質。

不到二年，理律又在信任「重建」中，昂首闊步，比過去更健康地站了起來。組織再造後的理律事務所，陳長文出任所長兼執行長，李念祖任副執行長，所內有五百五十位同仁。經過重創，再出發的理律更具競爭力。

(四)

在長文繁忙的工作中，他也能細心地照顧到家人，特別是年邁的母親與獨子文文。文文在出生時的意外，智力受損。這麼多年來，長文夫婦投入了一般人難以想像的愛心與時間培養文文。

令人感動的一幕發生在今年三月六日。那天長文夫婦的獨女曉倩出嫁。結婚典禮中最後一幕是：長文夫婦神采飛揚地推著輪椅到了台上的中央，坐在椅中的文文，以高亢的聲音，一個字一個字清晰地發表了一篇不短的祝福演講（絕不輸給證婚人馬英九市長的致詞），最後他重複地以「姐姐，我愛你，我祝福你」結束。全場數百位來賓報以久久難停的掌聲；掌聲也是送給文文的雙親。

在最近一封給文文的信中，長文夫婦寫下了這麼一段話：

「當我們看著你倍於常人的努力，學習著對一般人來說簡單至極的生活小事，每一個小小的突破都能帶來大大的喜悅——對你、對家人。於是，你教會了爸爸、媽媽和家人們知道，這世界沒有難得倒人的事情，因爲你是我們的榜樣，示範著巨人般的不放棄，以及全心投入的毅力與努力。」

(五)

長文具有強烈的責任感與使命感、強烈的愛國心與民族情。

他做人與做事的最高標準就是全方位的完美。他是一位完美主義者；更正確地說，他是唯美主義者。

在現實世界中，他能把律師的專業、社會的奉獻與家庭的親情取得完美的平衡，眞是因爲他有極大的智慧與堅持。

二〇〇五年八月十日　台北

（本文作者爲天下文化創辦人）

自序

不過是公共政策的選項

早期，在以統一爲目標的國民黨執政之時，長期以來均透過司法、政治的力量，將台灣獨立主張加罪化爲「叛國行爲」。然而，隨著政黨輪替、民主發展，將不同意識形態傾向者「加罪化」的情形已較少見，但新的執政者——民主進步黨，卻沒有走出國民黨的舊邏輯，常常會透過政治宣傳的方式，透過各種污名化的手段，將具有中國統一傾向的人及其主張打成「賣台」。統獨之間，就這樣紛擾不已，幾無寧日。大家似乎很少想過，統獨主張，眞的必須強烈到用「賣台」或「叛國」來形容嗎？

如果你問我，贊成中國統一還是台灣獨立？我的答案是——若把「統」字定義成一種有條件的、未來式（兩岸政經制度相近相容時）的兩岸統合期待——我很樂意被歸類爲「統派」。但即使我是這樣的統派，也能對政治上台灣獨立的主張抱以同理心來看待。擁有「統一」或「台獨」的情感，並沒有絕對的「是非」可判，都只是單純的情感取向罷了，最多只有好與不好的問題（例如戰爭風險的增加或減少），而沒有對與不對的問題。

對我而言，在沒有戰爭的陰影下，即中國大陸成爲一個有民主包容性的政權，而能理性包容台灣獨立；而台灣人民的多數意志又是選擇台灣獨立的時候，即使我個人在「情感上」，會因爲兩岸未能統一而有所失落，但在「理性上」，我也願意尊重這樣的結果。

說得更明白一點，只要能使兩岸的人民得到更多的幸福（在此，筆者姑且將這幸福的內涵定義爲民主、自由、均富），統獨乃至於統獨以外的任何可能安排，皆無不可。

統一和獨立都只是一種手段，是爲更高目的服務的手段，而非目的。就像這塊土地的「名字」究竟應該是「台灣」還是「中國」一樣，都不是具有實質意義的事情，重點應是，不管掛上「台灣」或「中國」之後，這塊土地擁有的到底是什麼？兩岸之間（台灣與中國大陸）以及台灣島內（統派和獨派），虛耗在「唯名之爭」（哲學上的「唯名論」另有定義，這裡只是借用這個名詞）的力量實在太多了，傷害了彼此的感情，使彼此僵持在意氣之爭的漩渦裡，對兩岸的人民與政府而言，只能狹隘的「逢中必反」、「逢台必反」；對台灣島內的藍綠政黨之間，則是「逢統必反」、「逢獨必反」，漸漸地忘卻了人與人相處的基本道理，忘卻了追求共福共善的提升才是要務。

當然，從某些角度來看，統獨問題是很重要的，就如同很多關心統獨議題的人所言：「國家認同不確定，所有的問題都無法確定。」這句話不能說是錯的，但也未必全對。事實上，長久以來，台灣消耗了過多的關心在統獨問題上，造成了很多副作用，光談這些副作用，就需要許多篇幅。然而，如果大家眞的切中要點地談，那也罷了，可惜的是，在台灣，所謂的談統獨問題，仍只是在特定人物的引導下，爲特定的政治目的而談，使得我們的社會對統獨問題談得雖久卻淺。所謂的統獨，一直被簡化爲政治對立的壁壘或作爲區分「誰愛台灣」、「誰賣台灣」的標準，特別是每逢選舉，整個社會似乎只剩下兩種人，一種是愛台灣的愛國者，一種是賣台灣的叛國者。

統獨的論述，眞的只能這麼膚淺嗎？既然大家沒辦法說服自己不談不碰統獨問題，倒不如深入一點，而不是停留在淺碟子的論述裡打轉，這是我撰寫本書的最大用意。我希望藉著這本書中的文章說出一些自己的簡單想法，其最終的目的，可以總結成一句話：「不管你支持的是統還是獨，在台灣，我們都是一家人。更不要懷疑，我們都不可能存有害台灣的心。」

讓統獨議題還原成和其他諸如治安、教育、文化、社會、經濟、衛生、國防等等公共政策議題一般的位置吧。這不是代表統獨議題不值得重視，只是希望大家能透過建立「統與獨，都只是公共政策的一個選項」這種平常以待的認知，一方面可以讓我們社會的其他議題，不致於被埋沒在統獨的大纛之下，無法得到適當的關心；另一方面，也可以基於這種平常以待的認知，減少不同統獨傾向族群之間，情感的撕裂。

感謝天下遠見出版公司高希均社長對本書的「催邀」，一年多前，希均吾兄即不斷地催邀長文撰編本書，由於自己公務甚繁，若非希均吾兄一再叮囑，這本書恐不知要拖到何年何月才能問世，而希均吾兄對本書非但「起了頭」，更「結了尾」，為拙作撰寫評序，更為本書加添了深度、丰采。感謝馬英九市長和林濁水委員，百忙之中，還得撥出時間看完長達十餘萬字的拙言，並以千鈞之筆，為拙著撰作評序，為本書點睛。最後，感謝我的學生羅智強君，智強在本書撰作的過程中，對我提出了許多寶貴的建議，並且宵旰不息地協助校對本書，感謝智強的付出。

最後，本書盡量用比較輕鬆與淺白的筆調來撰寫，目的是希望大家可以用比較輕鬆的角度來看統獨問題，畢竟，統獨不過是發生在我們生活周遭的種種事件當中的其中一件事而已，用輕鬆的態度看待它，有時反而能讓我們找到更為清楚與可行的定位。

目錄

第二篇　對話　兩岸理性與感性

第三篇　和解　尋找最大公約數

第一篇 宏觀

統與獨的光譜表

2003年11月27日，立法院通過公民投票法，各方對其中第十七條所列「總統有權經行政院會決議，就攸關國家安全事項，交付公民投票」解讀不同，兩岸的統獨對峙因此急速升高。圖為反對黨在通過公投法後，於立法院內高舉標語表達抗議。（AFP/TDI）

如果要仔細畫分台灣人民當下對兩岸分合的態度的話，至少應有五種立場：

（一）「即統」，也就是希望立即統一。

（二）「觀望統」，當下不作分合決定，俟環境條件成熟後，實現統一的目標。

（三）「純觀望」，當下不作分合決定，依歷史情勢發展判斷，統獨皆無不可。

（四）「觀望獨」，當下不作分合決定，俟環境條件成熟後，實現獨立的目標。

（五）「即獨」，希望立即獨立。

第一章

假設的同情

該用什麼樣的態度談統獨？

在我們批判別人之前，先要有一種「假設的同情」。

——羅素（Bertrand Russell）．《西方哲學史》

該用什麼樣的態度談統獨？這應該是在談統獨問題之前，第一個該被討論、處理的問題，然而卻往往是我們最容易忽略的問題。

英國哲學家羅素曾說：「在我們批判別人之前，先要有一種『假設的同情』。」羅素的這句話，提供我們討論統獨問題一個很好的參考。

更具體地說，對於不同意見，我們要先用同理心去理解，在那不同意見中有些什麼東西是可以同意或相信的。只有到了這個時候，才可以重新採取批判的態度，但這樣的批判必須立足於一種精神狀態，彷彿我們剛剛才放棄了自己長久以來一直堅持的某項意見，現在我們所進行的批判，用的是那種回頭批判自己意見的心態與自謙；因爲之前的我們，已經作了一個「相信」與「認同」的功課，我們曾經試圖用同理心去瞭解過那些意見爲什麼與我們不同並接納後，才開始批判的。

以「同理心」檢視統獨問題

每次選舉必定會被挑起「愛不愛台灣」爭論，筆者覺得，羅素的話，對台灣這塊土地上的政治人物和普羅百姓來說，不啻是一句棒喝之言。如果說，大家都能擁有羅素所說的同理心的話，我相信，就不會輕易作出「誰愛台灣」、「誰不愛台灣」的定論。

套回統獨的問題來談。假設有一個人，認爲台灣應該立刻無條件地與中國大陸統一，不論你如何反對這樣的意見，當你要對之提出批判時，都應該給自己一個功課，那就是：先假設自己也贊成這樣的意見，然後想想，這樣的意見到底有什麼好處值得支持？想清楚這個意見該被支持的理由後，這時才以謙虛的態度反過來批判自己，把這個意見的壞處一一臚列出來後，再進一步把這個意見的好處與壞處作對比，最後，把對比的結果轉化成心中對這個意見究竟該採支持或反對的一種決定。同樣地，對於不惜以戰爭爲代價，也要立刻宣布台灣獨立的意見，反對者也應該用同樣的溫和方式去進行分剖，再下決定。

要作到這一點，並不容易，卻是一個值得大家努力的目標。如果，我們作到了，那麼我們會發現，這個社會根本不應該存在去論斷特定意見主張者「愛不愛台灣」的論述，只有存在論斷該意見主張者，其意見本身「好不好」的論述。因爲，所謂「愛不愛」是一種心中的主觀狀態，就算是即統或即獨①的主張者，只有他自己有資格說他心中「愛不愛」台灣，除他以外的旁人，實際上都沒有權利去論斷他

①部分論者會用「急統」或「急獨」來形容，筆者認為「急」字帶有一定程度的負面意義，容易被賦予輕率、躁進的意思，在此，筆者不打算先對這兩類主張立作批評，故用較中性的「即統」、「即獨」稱之。

的心理狀態與動機，並且也無從論斷。一旦旁人妄斷其心中意念是不愛台灣的同時，也就等於作出了一種與之畫清界限的決定，不但「假設的同情」無以附麗，也會成爲人與人之間對立撕裂的根源。但這並不代表我們不能對不同意見進行批判，只是我們所能論斷者，應該限縮在：將特定意見置諸於特定客觀標準下（例如追求全人類最大福祉），是不是一個應該被採納的意見，也就是對這特定的意見，進行「好不好」的論斷，如是而已。

懇切地期待，在台灣的每一個人，都能永遠保持對人對事的同理與謙卑，那麼我們會發現，即使你我的意見那麼、那麼的不同，但我們愛台灣的心卻是一樣濃稠無比、無分軒輊的②。

② 參拙文〈假設的同情〉，刊於《自由時報》，二〇〇四年四月二十一日。

第二章

唐吉訶德的想像

統獨議題優位化的負面效果

「統獨」在台灣人民面前，就好像塞凡提斯筆下的唐吉訶德，透過想像創造了敵人後，唐吉訶德就可以在高昂的鬥志下，忘卻一切的苦痛，即使被砍了半隻耳朵、擊落五顆門牙都無所覺，因為最重要的一件事是，他的腦袋裡有一個「險惡的敵人」。

在進一步深談「統獨問題」之前，我想先談一下，「統獨問題」本身的副作用是什麼。對台灣而言，過度地將注意力集中在統獨議題上，出現了什麼樣的負面效果？這樣我們才能重新檢視，應該放多少注意力在這個問題上。這不表示統獨問題不重要，而是意謂一旦統獨問題超過它應該被關心的程度時，有時並不是一件好事，這是我們在分剖統獨問題之前，先要稍稍思索的問題。

統獨問題，困擾了台灣人民數十年，政治人物領頭爭執，普羅百姓跟著起舞。當人民熱中於把統獨問題當作區分愛台或賣台的標準時，政治人物則樂在其中地把統獨問題操作成加持護身的光環。政績不好，讓統獨加持一下，則大事化小；操守不佳，用統獨包裝一下，一樣高票當選。提振經濟、改革教育、整頓治安，這些議題在統獨問題面前一站，統統得退避三舍。只要能用統獨來分清楚誰愛台灣、誰不愛台灣，人們就可以因爲精神上的飽足，來忘卻物質上的失落。從這一點來看，台灣人民應該算是唯心主義者，精神勝利比物質勝利要重要的多。

當然，統獨問題的確有其重要性，有人說：「民主鞏固不可能發生在人民對國家疆界高度缺乏共識的情況下。」意即，民主的前提，是要先確認其國家認同。所以，統獨不談清楚，民主就無法鞏固。對此，筆者有個疑問，從台灣本身的歷史經驗來看，嚴格來說，在台灣，統獨問題從來不曾被「談清楚」過，這是不是代表台灣沒有民主？因此，把國家認同問題與民主目標相混，在邏輯來說是有瑕疵的。

當然，我們終究很難非難這樣的價值取向，如果有人一定要說統獨問題比經濟問題更迫切、更值得關心，那麼這是他的價值抉擇，也不能說他錯。不過，筆者倒是希望針對「統獨議題優位化」會帶來什麼樣的問題，作一些粗略的分析。

不能消滅的魔鬼

先講一個小故事。

有一天地球上的人們群聚起來，向上帝抗議，魔鬼太囂張了，他們希望上帝能畢功於一役，將魔鬼徹底消滅。

上帝想了一下，說：「你們這個要求，恕我不能幫你們實現。試問，如果世上沒有魔鬼，你們還需要信仰上帝嗎？」

這固然是一個戲謔的笑話，但也點出了若干令人深思的哲理。這個笑話用來比擬國內部分政治人物對統獨問題的態度，有異曲同工之妙；統獨問題對他們而言，很可能是另一個「不能被消滅的魔鬼」。從政治利益上來說，最不希望中共這位假想敵消失的，往往是政治人物吧！因爲比起所謂的選民服務、法案審查、勤政從公、潔身養望，喊統擁獨實在是件輕鬆愜意的工作。

在統獨大帽子下，政治人物的政績與操守都變得次要了，每次選舉，尤其是愈高層次的選舉，部分政治人物愈喜歡把它操作成統獨大戰。只要大家一關心起「統獨」，政治人物其他的問政表現如何，台灣人民都可不去計較了。

唐吉訶德腦中的魔法師

對此，常會覺得台灣人民很可愛，「統獨」在台灣人民面前，就好像塞凡提斯（Miguel de Cervantes Saavedra）筆下的唐吉訶德（Don Quijote de la Mancha）腦袋裡面的魔法師一樣，讓唐吉訶德把風車當成巨人、羊群當成大軍、織布機當成怪獸，透過想像創造了敵人後，唐吉訶德就可以在高昂的鬥志下，忘卻一切的苦痛，即使被砍了半隻耳朵、擊落五顆門牙都無所覺，因爲最重要的一件事是，他的腦袋裡有一個「險惡的敵人」。

然而現實的苦痛眞的不重要嗎？失業率、自殺率、犯罪率居高不下；經濟面臨萎縮；國家收不到稅收，招不到投資；人民繳不出貸款，付不出學費；貧富差距不斷擴大。倒是政商勾結、政治腐敗的情況仍舊，掏空國家經濟的高官巨賈及賄選買票的議員民代，依舊是好官自爲，財源廣進，人民能奈他何？

由於這些苦痛實在太明顯了，有時人民會突然覺醒一下，發現他們應該用選票，去要求政治人物表現可被檢視的政績或展現革新除弊的魄力，就像唐吉訶德身邊有個現實聰詰的僕人桑喬，偶爾會想辦法拉唐吉訶德回到現實。

但這些偶然的覺醒，卻比不過每逢大選時，政治人物聲嘶力竭的統獨催眠，只要套套對手紅帽子、毒（獨）帽子，人民總是可以從中獲得精神滿足，跟著政治人物搖旗吶喊。就像被打得遍體鱗傷的唐吉訶德，眞的挨不住了，還是可以熬出一瓶幻想的「聖水」，一口吞下，依然生龍活虎③。

如果眞要苛責這一切，那麼要怪的未必是政治人物，恐怕是人民自己，人民自甘受統獨之愚，那政治人物何樂而不愚之？

希臘史詩作家荷馬（**Homer**），在其所著《伊利亞特》（***Iliad***）中，描寫了特洛伊戰爭，當戰場上的阿開亞人與特洛伊人，爲了海倫以及攻守特洛伊城，交戰廝殺的同時，站在奧林匹斯山上的眾神心中大概不住地竊笑吧。這場戰爭，事實上是由眾神一手導演的，連結局的腳本都已寫好了，而阿開亞人與特洛伊人，卻用生命與

---

③ 唐吉訶德，是塞凡提斯筆下描寫的一位略帶戲謔性的悲劇英雄，他具有理想主義的性格，有他自己的正義觀，並為這樣的正義觀奮勇向前。這樣的性格刻畫，引起了後世文史哲人諸多的討論。筆者在此並非批判唐吉訶德理想主義式的冒險行為，只是藉這個故事，針對台灣政治舞台上被無限上綱的統獨議題，略作比擬。

鮮血去擔綱演出這齣神之劇。

而在台灣的統獨特洛伊戰爭，不也是立諸廟堂的政治人物一手導演的嗎？統獨大纛下，人民很配合地各自選邊，不斷地對立與撕裂對彼此的信任與情感。你要怪政治人物嗎？「好官他自爲之」，你怪他們也沒有用。

統獨優位化的四重危機

對統獨問題作爲議題本身這一點，筆者固然作出了頗多的批判，但我要說明的是，這不代表我認爲統獨不該作爲議題，或這個議題不重要。事實上，統獨當然是個議題，也當然是個很重要的議題，但它只是眾多重要議題裡的其中之一而已。我們一定要有這樣的體認，因爲把統獨上綱成最高議題、宗教教條的層級，對台灣而言是很危險的。這樣的危險，至少來自四個方面。

第一個危險是，議題排擠效果所導致的政治怠惰現象。

前面我們已經說過，政治人物之所以會傾向操作統獨，是因爲經簡化過的政治圖騰，有助於維持權力基礎。但爲什麼這樣就會有助於維持權力基礎呢？經濟學上有一個名詞叫作「排擠效果」（crowding-out effect），其意指，當政府實施擴張性財政政策時，會造成市場利率上升，反而產生民間投資減少的情形。簡言之，國家的投資會在某種程度上排擠到民間的投資。這個概念也可以用到統獨議題上。

這個概念很容易理解，假設我們的腦袋裡有一個「議題保存箱」，它能涵納的議題是有限的，你放了統獨議題，自然會排擠到你對其他議題的關心。這種議題排擠作用（關心度的排擠）不只會發生在人們的腦袋裡，更會發生在輿論與媒體的報導上。在台灣，媒體雖有一些亂象，但大體上由於政治人物還算尊重媒體自由，所以輿論目前可以說是監督政府最有效的工具。

媒體的熱度，就是它的限度

可惜的是，這監督工具有其宿命性的侷限，所謂「媒體的熱度，就是它的限度」，媒體的版面是有限的，特別是在商業掛帥的導引下，媒體會比較傾向追逐最熱門、最刺激、最簡單易解的資訊報導。任何議題，一旦熱度消褪，媒體報導不再熱切，這時也就是媒體監督效果封藏束閣的時候。

教改亂象、行政革新、國會改革、財政檢討、就業促進、公平稅制，這些議題都很重要，但媒體無法全面地、同時地、深入地關心，特別是由於這些問題都很複雜，當人民覺得難以理解的時候，關心度就無法提升。相對於統獨，雖然統獨其實也是一個很有深度的公共政策問題，但統獨議題由於對立的壁壘性較明顯，也比較容易用簡化與極化的方式處理，再加上政治人物長期用極化對立的操作方式，使統獨沾上一種「類民族主義」的情緒性成分，人民沉浸其中很容易因而激亢，使得統獨問題較諸其他的公共政策、政治改革議題，一直擁有更多、更深且更長久的關心。（請參見圖2-1）

許多重要的民生議題、政治改革議題，不管事件浮現當下，輿論反映如何激烈，民情如何澎湃，時間一久，媒體報導篇幅縮小，民意的壓力也跟著舒緩。這是媒體的侷限之處，也是所謂「民意」的侷限之處。

又如，導致國內政治亂象的根本因素之一——單記非讓渡投票制，大家都知道這個世界上只剩台灣採用的選舉制度問題極大，但選舉制度的改革卻是拖延經年，一直無法動彈④。

爲什麼，一個糟糕至極的選制，拖延經年無法改廢？關鍵在於，我們用了一個出問題的選舉

圖 2-1：統獨議題優位化的排擠效果

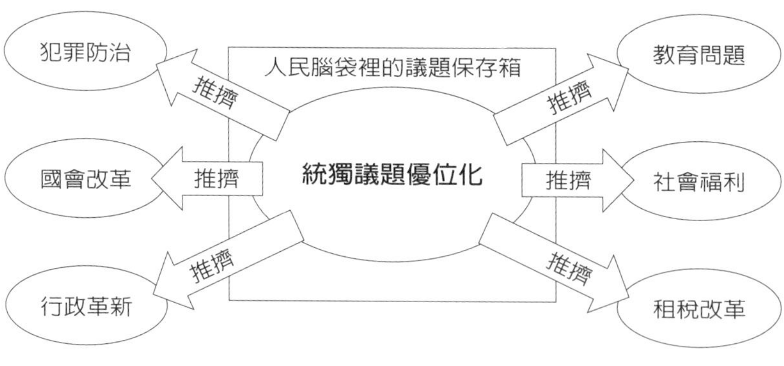

制度，容易選出出問題的民代，而出問題的民代是靠這出問題的選舉制度才能當選，要其自廢牽繫其利益基礎的選舉制度，有利益衝突上的高度困難。只有靠持續的、強大的民意關切，才有可能改變這個結構性的問題。譬如原本國會選舉也採用單記非讓渡投票制的日本，一九九四年迫於強大的改革呼聲，大幅度修改成「小選舉區比例代表並立制」。對日本而言，並沒有類似台灣統獨問題這種「議題黑洞」，會將民眾對其他公共政策議題的關心吸走，使得一些雖然困難但有極深利益衝突的改革議題，因為社會的關心度持續不退，而比較有機會克盡其功。其他各種公共政策問題也是如此。

換言之？為什麼國會選舉制度的改革始終音訊杳然？有一個重要的原因就是，在台灣，「民意」被割裂得十分嚴重，無法形成一股強大的、持續的監督與改革力量，去壓迫政治部門作出革新。而這割裂的源頭，最重要的就是統獨問題。

④ 立法院已於二〇〇四年八月公告憲法增修條文修正案，欲將現制的單記非讓渡投票制廢除，改採日本式單一選區兩票制（學界對該制亦有若干負面批評，茲不深論）。二〇〇五年五月十四日任務型國代選出，贊成修憲者超過百分之八十，修憲案應會通過，單記非讓渡投票將步入歷史。

全部都是右派政黨

有人曾說：「在台灣，沒有左派政黨，全部是右派政黨。」二〇〇三年，台灣有一群頗爲活躍的弱勢團體決定脫離現有的藍綠格局，組成泛紫聯盟，計畫進行體制外改革，他們認爲：「從國民黨到民進黨，皆爲一丘之貉，執政是以資本主義『競爭』價值觀作決策思考，並沒有扶持弱勢族群的公平正義思惟。」⑤這句話可說是一語道破台灣民主政治的痛處。從政治學的角度來看，民主政治就是政黨政治，然而這只告訴大家，民主政治的實踐形式是政黨政治，但政黨政治的實踐實質是什麼呢？依一些民主成熟國家的經驗，這些國家的政黨多半有一定程度的左右對立，傾向福利國家路線的政黨謂之左，傾向自由競爭路線的謂之右。透過這種左與右的拉鋸與討論，社會得以在左右之中找到平衡點。

然而台灣卻不能，我們的左右政黨不是按對社會福利政策的態度傾向而分的，是依照統獨立場的光譜來分的。所以，在台灣，只有統獨鮮明的對立，卻很難有其他社會政策的深入討論。講到社會福利，執政者想到的只能是有政策買票色彩、短線式的老人津貼，應盡監督之責的在野者，也只能看到短線的政治利益，對這樣的政策買票，寧可加碼拚搏，也不願負責抗拒，這時的台灣政黨全左了，而且比正常的左還左。

只是，一旦遇到掌握政治金脈的企業主，執政者也好，在野者也好，又一股腦地全右了，豁出去般地猛開減稅支票，怕減得不盡人意，甚至開國庫大鎖，巧用各種名目獎勵補助也在所不惜，這時，台灣的政黨又全右了，而且深恐右不過對手。在這忽左忽右之間，反正只要抱穩了統獨的大旗，民眾也看不清楚誰是誰非。

因此，台灣的政黨生態就出現了令人極為憂心的現象，主要政黨的上位戰略只有一個，就是統獨，其他公共政策都被視為下位戰術，而這些被矮化的下位戰術的指導方針也只有一個，就是「即興式、施惠式」的短線政策操作。

當然，政黨的左右之分，並非如我所說的這麼簡單，我也用了簡化的方式去談；但我只是想用這左右飄忽的例子，讓讀者比較容易認識台灣政治生態令人憂心的一面。畢竟，光是怎麼去定義政黨的左與右，就是一篇嚴謹的學術論文了，而我並不想用學術論文的方式處理這一系列的統獨討論。

由於，人民的注意力常常會被統獨議題帶走，特別是在選舉的時候，雖然現實的公共事務百廢待舉，更值得關心；但一到選舉，只要傳出「中共打壓我們加入國際社會」、「中共對台飛彈部署又增加了百枚」、「中共的官員又說出了欺負台灣人

⑤ 簡錫堦〈重回體制外改革〉，刊於《中國時報》，二〇〇三年八月九日。

民的話」、「中共訂出了反分裂法要來對付台灣」，於是台灣的民眾就又像喝了聖水的唐吉訶德，即使肋骨斷了三、四根也不覺得痛。在對抗鴨霸中共這個神聖使命下，經濟差、餓肚子、治安壞、教育亂……又算得了什麼？

有鑒於聖水這麼好用，哪個政治人物還會費心地去做好政績、維持操守、認眞地討論其他的公共議題？反正，選舉一到，灑灑統獨聖水，台灣人民不就又乖乖地跟著選邊站，誰還記得我的政績好不好呢？

過度的上綱統獨問題，民眾將無法鎖定注意力去支持諸如國會改革、稅制改革等多項議題，這也將使得執掌廟堂、綜理政務的領導人物，有了政治怠惰的誘因，就很容易造成整個國家的空轉，甚至引發惡性循環的負面效應。民進黨的一位大老曾語帶感觸地說，這幾年，我們的國家是處在「無政府狀態」，因爲，不管是執政黨或在野黨，都沒有引導議題的能力。筆者則以爲，這種無政府狀態，與其說是因爲朝野政黨沒有引導議題的「能力」，不如說是朝野政黨沒有引導議題的「意願」，因爲只要遭逢選舉，政治人物就自動捨去所有的議題，將心思全部集中在統獨之上。

第二個危險是，造成間接的資源排擠與資源誤置。

由於我們不斷強化統獨意識，特別是一種有假想敵預設的台灣獨立情愫。台灣獨立這樣的主張立場我不打算非難，因爲那是很單純的價值選擇，但若操作成不斷升高敵我意識的一種狀態，就會間接造成資源排擠與誤置。

因爲我們的假想敵中共，在軍事武力上頗爲強大，這時我們如果在主觀上不斷告訴自己，中共的敵意極深，也在客觀上造成實際的兩岸對立，那麼我們在軍事上的投資，不僅在主觀上會片面地想要不斷增加，也會因爲主觀對立所造成的客觀敵意增加；在客觀上，對國防武力的需要也會增加。

這樣的增加，有很大的問題，因爲國家財政的餅就是這麼大，你增加了國防預算，就勢必排擠其他的預算與建設，特別是在國家財政日漸困難的此時，這樣的排擠會更加的嚴重。而下一個要深究的是，這些國防預算會不會是一種資源的誤置？原本是否可能有更好的辦法，使我們不必花這麼多的錢在國防上，而有較多較充裕的餘力去作其他的建設？除了國防上的過度資源投入會形成排擠效果，外交上也會形成類似的排擠效果，而成爲國家的額外負擔。這個國防與外交的部分，涉及的問題很繁複，我另外會在後文中作比較詳細的論述。

第三個危險是，僵化的立場，容易導致政策失誤。

我們前面討論到，政治人物操弄統獨的現象，然而這樣的操弄結果，有時候也會使得政治人物被反操弄，也就是受限於其立場，使得在一些明知應進行的政策上，變得躊躇不前，甚至「必須」堅決反對。

最明顯的例子就是三通，明明到上海一個小時的飛程，爲什麼硬生生就是要繞個大彎花上數倍的時間？再不喜歡中國大陸，也得承認他已逐漸成爲經貿重鎭，甚至有人將之譽爲世界工廠，以貿易起家的台灣怎可能不知道，你增加對大陸的經貿阻隔愈多，就等於將台灣從世界經濟舞台向外推得更遠，難道我們還要回到滿清時代已被證明走不通的鎖國政策嗎？

這裡我們也可以看出陳總統的難處，二〇〇五年二月扁宋會達成了十點共識，即激怒了獨派中的基本教義派，使得陳總統關於改善兩岸關係的宣示充滿了變數，因爲，即使透過五年虛耗與空轉，或許陳總統已知道了自外於世界潮流，自外與日趨茁壯的中國經濟體，台灣將耗去其所有的利基。但「知道」並非充要條件，陳總統有沒有勇氣面基本教義派的強大反對力量，把知道的事付諸實踐，仍待觀察。

台商投資大陸管制政策的基本分析

既然談到了政策，就讓我們以我國對台商投資大陸的管制政策爲例，瞭解增加台商投資中國大陸的障礙，對台灣的經濟是好是壞。

從圖 2-2 中可以看出，當企業面對台灣經濟環境變遷，在全球運籌與行銷的需求下，企業根留台灣而仍能發揮競爭優勢者，對台灣而言，提供消費者「滿足」，提供政府「稅收」，提供勞工「工資」，提供股東「紅利」，這四個利益目標仍能被

圖 2-2：前進大陸的正當性基礎

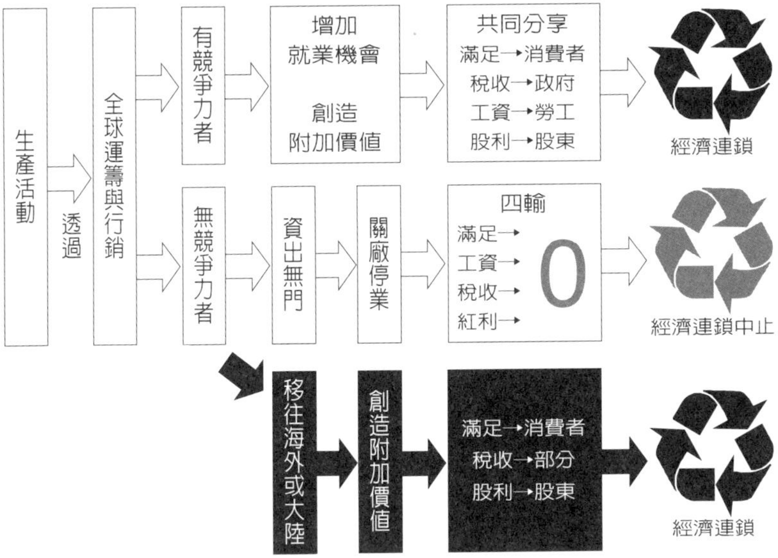

本圖表係作者修改自江丙坤先生二〇〇二年九月二十八日演講「從台灣經驗看當前經濟問題與對策」之演講投影片。

滿足，且後續的經濟連鎖效果也仍能運轉；但對留駐台灣將不具競爭力的廠商而言，不准其進行海外（如中國大陸）投資，則該廠商由於利潤目標無法達成，終將面臨關廠停業的結局，而形成消費者財貨選擇減少、政府收不到稅收、勞工無法賺取薪資、股東無法獲得紅利的四輸局面，且後續的經濟連鎖效果也將因而停止。

因此，對於這樣的企業如有移往海外或中國大陸的需求，政府應予放行，因爲至少政府仍可能透過租稅政策設計保住部分稅收，而股東的紅利也不致爲零。而這個相對於關廠所造成的四輪局面，准予移出的好處，即是前進中國大陸的正當基礎。更重要的是，在全球化架構下，前進大陸廠商所生產的零組件，也可能成爲台灣其他廠商或母廠的低成本原物料源，這樣的經濟連鎖反應，有助於整體福祉的上升。由此可知，對台商投資大陸進行過多的干涉與管制，對台灣的經濟反而有害。

我相信執政者，特別是陳總統，不至於沒有這樣的智慧去看清經濟自由化、全球化的世界趨勢，那麼爲何不順勢而爲呢？可能性之一，即是我們現今的執政者，在創造極化的統獨議題時，不小心也套牢了自己，對大陸採取開放政策是相當程度抵觸將大陸設爲險惡假想敵這個政治宣傳的，執政者爲了向已被其教育成統獨分明的支持者交代，在這些政策上便處於「知應爲，不敢爲」的窘境。而這種僵化所導致的政策失誤，只要是涉及兩岸問題，幾乎是到處存在。

最後一個危險是，會使得執政者出現「危機成癮症」。

人在危機情形下，很容易專注於危機所呈現的單一資訊，而忘卻其他的資訊。因此，我們不難發現，有時刺激中共實在不失爲確保政權的好方法。只要中共升高對台姿態，台灣人民就會同仇敵愾，逆向支持中共所不喜的政權。透過歷史經驗的總結，這很容易讓一些政治人物食髓知味，特別是在大選時，努力去刺激中共這個大吸票機。從一九九六年、二〇〇〇年到二〇〇四年的總統大選，幾乎每一次都會有候選人會藉由刺激中共試圖增加自己的選舉利益。

但中國大陸的執政當局也會吸取教訓，知道自己受激後的舉措，很容易適得其反，於是變得更善於忍耐。這時，要啓動中共這個大吸票機，就需要更高規格的刺激，這樣的模式持續演進，自然而然會愈來愈接近所謂的底限，而增加引發不可收拾災難的危險性。

統獨只是衆多測驗項目之一

如果選舉是一項綜合測驗，統獨當然是測驗的一個項目，甚至是一個重要的項目，我不會天眞地要選民當作台灣沒有統獨這個問題存在，只是想提醒大家，統獨絕不是全部的項目，教育、治安、社福、經濟……這些都是測驗項目，人民應該給自己一個功課：雖然在統獨立場上一個政黨不爲你所喜，但由於在其他的測驗項目上得分超過了在統獨問題上的失分，你應該要有足夠的理性去支持他。同樣地，對一個在統獨問題上與你立場相同的政黨，如果在其他的項目表現得一蹋糊塗，你也該有足夠的勇氣去拒絕他。

就像一間學校要透過考試決定錄取哪個學生時，即使英文是一項重要科目，他也不會單單只因爲成績就決定是否錄取這位學生，而必須綜合考慮這個學生在其他科目的成績表現。從這個角度來說，選舉就好比是政黨的入學考，選民就是決定誰能錄取的學校單位。一個政黨的統獨主張是什麼，可能很重要，但選民仍應考慮他在其他政策方面的表現，再進行綜合的評分，決定是否支持這個政黨。

只有當人民用平常心去看待統獨，那麼其他改革議題才能漸次實現，政府的資源才能有效配置，政策的決斷才能回歸理性，政治人物也就不敢、也不能再以統獨作爲其怠惰的保護傘了⑥。

⑥ 參拙文〈平常心看統獨，聚焦公共議題〉，刊於《聯合報》，二〇〇三年九月七日。

第三章

對立的代價

到底還要付出多少痛苦？

意識形態，聲稱自己的權威是建立在歷史之上，但現在卻變成了歷史最大的敵人。

——瓦茨拉夫．哈維爾（Vaclav Havel）⑦．《無權力者的權力》

其實，統獨的意識形態對立，有兩個層次的對立，一是台灣內部的對立，一是台灣與中國大陸的對立。前一章論述的重心在於台灣內部的統獨對立所可能導致的負面效果。本章，我想先用二〇〇三年八月間發生一個慘劇，嚴肅地指出，兩岸人民爲了無謂的對立，付出了多少的代價。

「人命丟包」事件省思

二〇〇三年八月間，兩艘載運偷渡客的舢舨船，爲了逃避海巡人員的查緝，人蛇集團竟將二十多名偷渡來台的大陸女子，當成走私貨品予以「丟包滅證」⑧推入海中，造成六人溺死、四人失蹤的慘劇⑨，當時的我看到這則新聞，眞是既痛心又感慨。

如果這只是個人的個別惡行，我們雖然對之痛心不齒，也只有期待政府透過法律加以制裁。然而，我覺得社會大眾與兩岸的政府，都要負擔相當的責任。

首先，我們社會與政府對待大陸人民的態度是有問題的。長久以來，政府對大陸人民製造了許多差別待遇。例如，針對大陸人民繼承台灣遺產特別設定最高限額（對其他外國人則無這樣的規定），剝奪他們平等繼承親人財產的權利；大陸配偶來台灣要取得戶籍，所要等待的時間是其他外籍新娘的兩倍；東南亞漁工可以來台工作休息，但大陸漁工卻不能入港休息……。就算我們不把大陸人民當成同胞，至少也應該給他們和一般外國人一樣的待遇吧？爲什麼要透過法律手段，特別歧視他們？

如果我們的政府與社會，都不把大陸人民的尊嚴與人權放在眼裡，那麼，習素於挑戰法律的人蛇集團，泯滅人性地把大陸人民當成「私貨」，丟包滅證，又何怪之有？

台灣號稱人權立國，殊不知人權最重要的意涵是「平等地對待每一個人」。也許每個人的命運不同，使得人與人在現實生活裡的境遇並不相同，但這不代表境遇好的人可以去歧視境遇不好的人。現實生活也許有貧富之別，但人的靈魂在上帝眼中卻是一視同仁，同樣尊貴的。

中國大陸由於目前的經濟水平仍落後於台灣，使得很多大陸人民想來台灣掙得

---

⑦哈維爾是捷克著名的異議作家，曾於一九九〇年當選為捷克總統。

⑧有些船隻走私毒品、槍械或其他私貨，在遭到海巡單位攔檢時，會將船上的走私貨物拋入海中，以湮滅證據，稱之為「丟包」。

⑨其實，類似的事件並非首次發生，早在一九九六年六月間，基隆八尺門防波堤外，也曾發生基隆八斗子籍漁船「航興號」載運大陸偷渡者，船老大為逃避港警查緝，將四十二名大陸偷渡者都推入海中，結果三十七名自行游泳上岸被救，但仍造成一死四失蹤的不幸。

更好的收入。台灣則基於經濟、人口或治安政策上不得已的考量，不得不對這些人的入境作出限制。但這並不表示，我們可以出於恣意，用歧視與敵視的態度去對待這些因爲經濟因素不得已而來台灣的大陸人民。換個角度說，台灣大多數人的祖先也都是移民而來的，即使有些人基於意識形態的選擇，不認爲大陸人民是我們的同胞兄弟，也該將心比心，想想當初我們的先人們離鄉背井來到台灣，也和這些大陸人民一樣，有著相同的辛酸。

第二，這是兩岸政府要共同負責的。因為，這樣的慘劇相當程度可說是兩岸政府消極不作為所造成的。

經濟落差所導致的移民需求，這是非法入境之所以產生的主要因素。只要兩岸之間這個落差因素存在，偷渡問題就會存在。雖然，短時間經濟落差的因素很難消除，因此想要將偷渡問題全面解決殊有困難，但至少兩岸政府應該針對人蛇集團囂張的行徑，當作重大的犯罪問題，攜手合作，共同打擊犯罪集團，不能治本，起碼治標，來避免類似人命丟包的慘劇再度發生。

實際上，大陸偷渡女子來台的主要出路是色情市場。在兩岸黑道與白道的共犯結構下，它已經形成一個組織化的犯罪集體。用台灣黑道的話說，只要台灣要訂貨，三天之內可以送到。所謂訂貨就是預定要幾個大陸女子，這中間，從大陸的人蛇集團去找年輕女子、集中管理，到打通海岸邊防、偷渡出海，直到海上轉運，由台灣漁船、快艇接人，再轉入台灣海岸偷渡上岸；上岸後台灣的人蛇集團還會作勤前教育，讓她們面對警方的查緝時，作一致性避重就輕的供詞，然後送到一個拍賣中心，由色情業者去現場「看貨」。色情業者按照女體的姿色，出一定價碼帶走。至於在北部或中南部，就得看業者的經營而定⑩。從以上的描述可知，這是一個精密且龐大的犯罪過程，根本不可能靠台灣或大陸的單邊警力就能防範，必須兩岸相互合作，才有可能根本的打擊、瓦解此類犯罪組織。

然而，許多年來，兩岸政府由於意識形態的僵持，對立氣氛升高，雙方互信不足，使得政府間的交流與合作機制幾近停擺，因此，即使這些攸關人民生命、財產安危的跨岸事務，兩岸政府也彼此不相聞問，各行其是。正是這種消極不與聞問的態度，才使得偷渡問題日形嚴重，終至釀成今天的悲劇。

金門協議的典範啓示

其實，只要兩岸能稍稍放下意識形態的堅持，攜手合作，絕對可以減少很多悲

⑩ 參《中國時報》社論〈回歸人道精神，兩岸合作打擊犯罪〉，二〇〇三年八月二十八日。

劇發生。當十多年前兩岸開始相互交流時，偷渡問題伴隨而來，那時候不只如何遏阻偷渡是一個問題，怎麼把捉到的偷渡客遣返也是一個大問題。最初兩岸政府各行其是，我們政府由於缺乏管道遣返大陸人民，遂採取「原船遣返」的方式，將大陸偷渡客集中於原偷渡的船隻上，然後將之驅趕回去，而那些原船，多半甚爲老舊殘破，根本沒有安全返航的能力，一旦失去動力，就只能漂流汪洋，以至於釀成了許多悲劇⑪。

面對這樣的問題，兩岸政府相當難得地放下了一些政治的堅持，透過紅十字會在一九九〇年十二月，簽署了「金門協議」，爲兩岸遣返事務提供了一個實用的框架，也因此建立了一個比較人道的遣返方式。大家不妨去翻閱一下金門協議的全文，其中既無台灣二字，也沒有中國一詞。金門協議的經驗告訴我們，原來在各自不放的政治堅持之外，仍有第三條路，可以迂迴解決實際的問題。

可惜的是，當時的兩岸政府還有放下台灣或中國唯名之爭的智慧與胸襟，今天的兩岸政府卻是連這點都做不到，人民的性命、人性的尊嚴似乎都比不上各自心中神聖的正名堅持。

如果對比金門協議和二〇〇三年八月的悲劇，就可以發現，爲了意識形態的對立，兩岸實際上等於是以人民的生命、財產作爲對立的代價。人蛇集團，從大陸到台灣，早就掛勾成爲一個精密龐大的犯罪組織，這些犯罪組織唯利是圖，根本不把人命放在眼裡，才會有「人命丟包」的慘劇發生⑫。如此泯滅人性惡行，實是兩岸政府應列首要的打擊對象，但兩岸政府卻自拘於對立的意識形態，各行其事，放任這些犯罪集團坐大，並在事後相互諉責，一方指責另一方蓄意縱容，要負最大責任；另一方則反批對方枉顧人道。事實上，雙方政府對此都卸脫不了責任。

面對囂張枉法、不顧人命的人蛇集團，爲什麼不聯合兩岸的力量將這些集團列爲重大犯罪，共同打擊？更何況偷渡問題不具政治性，就算兩岸政府各有正名包袱，也和解決偷渡問題無涉。但兩岸政府始終不能各讓一步，始終堅持無謂的正名虛耗，才會使得這樣的悲劇在政府的不作爲中發生。

當兩岸政府各自爲了基於意識形態而堅持的歷史使命，對立仇視的同時，人民的生命、自由、財產卻也失去了保障，誰才是「歷史」的最大敵人呢？⑬

⑪ 一九九〇七月二十一日發生「閩平漁五五四〇號」二十五名大陸客在遣返途中集體悶死慘劇。事隔不久，八月十四日再度發生「閩平漁五二〇二號」在遣返途中被我軍艦撞擊，造成二十一人失蹤的意外，使得遣返大陸偷渡客問題一時成為兩岸關注的焦點。

⑫ 根據媒體訪問許多偷渡來台的大陸女子，據她們表示，「丟包」並非新聞，是常有的事。她們在偷渡過程中，實際上是被當成人貨，被迫躲在陰濕惡臭的船艙最底層，和暈船嘔吐穢物、大小便一起生活，熬不過去的，就會被丟入大海，反正她們沒有身分，也沒有人會知道她們是誰。

⑬ 參拙文〈遙想「金門協議」〉，刊於《中國時報》，二〇〇三年八月二十八日。

第四章

瞎子摸象的啓示

解剖統獨議題的三維工具

有一位國王找了四位先天性的視障者，要他們分別從不同角度去觸摸大象，再告訴大家大象長得是什麼樣子。

第一位摸到象腳的瞎子說：「大象像一棵樹。」

第二位摸到象尾的瞎子說：「我覺得大象像一條繩子。」

第三位摸到象鼻的則說：「不對，大象長得像一根水管。」

第四位摸到象耳的則大聲地反駁：「你們都錯了，大象是一把大扇子。」

看待事物，其實有很多角度，從不同角度切入，往往就會得到不同的結論。如果，有一本書放在我們面前，那麼這本書到底長得是什麼樣子呢？從正面看這本書，會得到一個特定的印象，從反面看會得到另一個印象，從側面看，又是不同的印象，打開來看，則又會是另一種印象。那書到底是什麼樣子呢？只有在總合各種角度觀察後的心得，我們才能形成一個比較準確的印象。就以瞎子摸象爲例，四位瞎子的敘述都沒錯，但也都不正確。眞正的大象，是一個：「腳像樹、尾像繩子、鼻像水管而耳像扇子的動物。」

分析統獨問題，也是同樣的道理，從不同角度切入，常常就會得到不同的結果。太過專注於單一角度，就很容易犯下個別瞎子摸象時的錯誤；從褊狹而局部的觀點去認知統獨，而陷入一種「淺碟式」論述的窘境。因此，在細部陳述統獨見解之前，第一件要釐清的事情是，觀察統獨問題可以有哪些角度，這是解剖統獨議題要先處理的先決問題。

分析統獨問題的三維工具

基本上，筆者認爲解剖統獨問題，可以用一個三維的空間概念來加以分析（圖4-1）。這三維的軸，包括了時間、態度與角色。

圖 4-1 ：分析統獨問題的三維工具

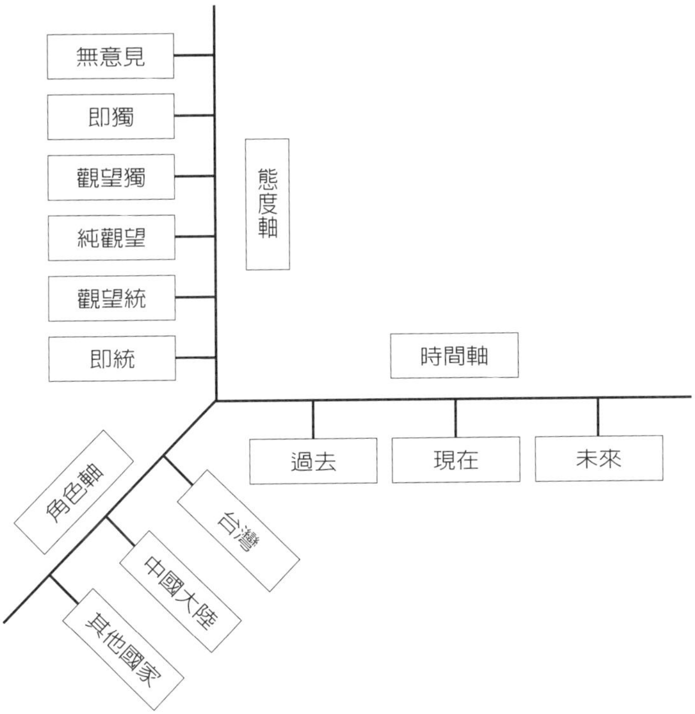

時間軸，可以簡單區分成「過去」、「現在」、「未來」三個軸標。

態度軸，可以大體分成「即統」、「觀望統」、「純觀望」、「觀望獨」、「即獨」，以及「無意見」或「不關心」，合計有六個軸標。

角色軸，則是類型化可能關心統獨問題的人有哪些，大別來分，可以分成「台灣」、「大陸」、「外國」（特別是美國）

這三種，但細部來分其實這三種又可以細分成人民與政府兩種，合計起來就有六個軸標。

經過排列組合後，大家就會發現，光切入的可能剖面就有相當多的可能組合。

例如，對二、三十年前的台灣與大陸而言，不管是人民或政府，大致上（多數）都表現出一種「即統」的傾向，如果可能，他們都希望「盡快」統一，只不過因爲希望「統」或「被統」的主、客體認定不同（國民黨政府想統一中國大陸，而共產黨政府想統一台灣），形成了長達數十年的軍事對峙，卻無結果。

而現在，對大陸而言，在統獨的態度上分化的狀況較不明顯，而台灣則分化成各種不同的主張態度，但大致上是集中在「觀望統」、「純觀望」與「觀望獨」這三個區塊上。至於外國人民與外國政府對兩岸關係的態度，在人民部分，他們對台灣問題的瞭解與關心，對多數人來說是相當有限的，態度落點比較可能傾向分布在「無意見」的區塊上；而外國政府的態度就必須更複雜化爲隱性與顯性兩個層次，顯性層次通常是依比較現實的外交利益，作出公式化的表態。例如，多數國家或明示或暗示支持中國大陸對台灣問題的見解，在隱性層次則其眞實的態度可能也和其人民一樣，是一種「無意見」。畢竟台灣是統是獨，對多數第三國而言，實在沒有直接的利害關係。

未來呢？對台灣而言，統獨問題最應該被關心的時間軸標，應該是在「未來」

這個軸標上，我們一方面該檢視「未來」可以給「現在」多少籌碼？例如，當下並非決定統獨的時機，我們就應以「未來」作爲一種保持觀望的理由，和中國大陸的執政者斡旋。另一方面，我們對「未來」到底有什麼樣的期許，基於這種期許，我們在「現在」該採取什麼樣的行動。

淺碟型統獨論述的特點

所謂的淺碟型統獨論述，特別是政治人物喜歡也習於採用統獨論述，通常會有幾個特點：

在角色軸標上，他只關心台灣怎麼想，但結果卻往往適得其反，過度狹隘關心自己，往往會使得兩岸陷入僵局，也反過頭來危及到單從自己角度出發所設定的目標。

其次，淺碟型論述只談眼下，卻不問未來，更不用說拿時間當作籌碼、以「未來」作爲兩岸談判的戰略縱深，來爭取台灣最大的利益。因此，有些政治人物眼中，只能從此時此刻（現在）的中共行爲中，找出有敵意的部分，然後採取以怨報怨的情緒對立，而忘卻自己眞正想追求的目標。

事實上，這種狹隘的論述與關心模式的謬誤，不只台灣的政治人物常會陷於其中，大陸的執政當局也同樣會陷入。有時候，實在不能怪獨派去妖魔化中國大陸的執政者，因爲對岸當局在許多具體事件上，也的確表現出可以被妖魔化的舉措，這些都是很不聰明的作法。

如果大陸當局眞的想要兩岸統一，就應該要盡量減少與避免一些撕裂兩岸人民感情與信任的行爲，甚至在一些台灣人民想要追求的期望上，表達豁達與大方的態度，主動幫台灣人民爭取，來獲得正面的形象加分。但明顯地，大陸當局也同樣被當下一種「台獨恐懼症」所蒙蔽，經常不自覺地作出一些反而有助於宣揚台獨的一些政治行爲。

雖然說切入的剖面很多，但如果大家眞的認爲統獨問題很重要，就不該偷懶地不去作全面的考慮。這不僅對兩岸的政治人物而言是如此，對關心統獨問題兩岸人民更是如此。而我也希望這些剖面的分析，能夠有助於關心統獨問題的人去深入認識統獨問題的本質。

從三個軸面談統獨議題

其實，在這三個軸面，筆者各有一個最核心的期許。

在角色軸面上，我們應該要學習的是一種「將心比心」的精神。對台灣而言，看待統獨問題，絕不該僅止於單一的台灣角度，適度地以同理心去考量對岸人民與政府的包袱與期待，是很重要的，也是在統獨問題的決斷上，追求台灣人民本身利益極大化的必備思惟。這種同理心，對大陸的執政當局與人民也是同等重要的，如果不願花心思去瞭解與尊重台灣人要的是什麼，又如何期待台灣人民願意滿心歡喜在一個中國的屋簷下和你成爲一家人呢？

在時間軸面上，我們應該保有一種「未來的想像」。所有對統獨問題的期待，我們都該明確知道，也該擁有最基本的耐心去認知：統獨問題的解決，絕對不是在當下的。讓「未來」去消解兩岸當下看似對立無解的歧見與惡意，讓「時間」去給彼此成長，以及包容彼此的機會。千萬不要選擇在時機尚不成熟的當下，冒著承受不可回復的災難風險，立即攤牌，用衝撞的方式進行決裂式的對立。

在態度的軸面上，我們應該學習的是一種「不單一的認識與包容」。對台灣而言，任何一個態度座標上的人，都不應該去仇視不同態度座標上的人。我們對兩岸分合模式的期許或有不同，但不要因此傷害同爲台灣人的情感，更不要因此去質疑彼此愛台灣的堅定決心。人是情感的動物，對於這塊我們生長的土地，我們當然是全心摯愛著，如果你不希望別人去污蔑你對台灣的情感，就不要去污蔑與懷疑別人愛台灣的心；如果，你眞的愛台灣，那麼不去決裂台灣人的感情，不是愛台灣最基本的職分嗎？

同樣地，對大陸的人民與政府而言，也該從態度軸面上深一層認識多元意見的台灣，民主的政治制度所選出的政府，未必能代表全部台灣人的意見類型。台灣是多元社會，這是台灣複雜的地方，也是台灣可愛的地方。事實上，有朝一日中國大陸也一定會走上這條「多元化」的道路，而維繫多元和諧的唯一法則，就是包容。

對四種人的期許

其實，這一系列的統獨討論，筆者是把期許放在四種人身上：一是台灣的政治人物，二是台灣的普羅百姓，三是大陸的政治人物，四是大陸的普羅百姓。對政治人物的期許，會比較困難，因爲政治人物尚負擔了一項額外的考慮，就是如何延續其政治生命，這必然會使得政治人物在統獨的考量上變得不純粹。然而政治人物掌有國家公器，不但會左右國家的政策走向與資源配置，其行止動見觀瞻，也會產生「上行下效、風行草偃」的作用。所以，這種希望政治人物客觀思考統獨問題的期許，雖然困難，筆者仍是衷心期待。

就以陳水扁總統爲例，上任之初，較無大選壓力的時候，我相信陳總統曾經思考過也試圖想要改善兩岸關係，但因爲種種因素，這些思考與試圖似乎並不成功。二〇〇四年大選時，陳總統迫於延續其政治生命的壓力，終究還是回到了短線式、情緒式的政治操作框架裡，用詞遣字變得較激情高亢。筆者對此雖小有微詞，但也未可厚非，畢竟這是選舉制度造成的結構性問題，即便不是陳總統，其他人也未必不會如此。因此，雖然陳總統過去有許多的反覆，筆者仍期盼陳總統，特別是在沸沸揚揚地舉辦了扁宋會，達成了看起來還不錯的十點共識，以及對連宋訪中的行動偶爾釋出正面訊息後，能夠眞正地拋棄掉長期慣用的淺碟化統獨語言，能夠用眞誠而宏觀地改善兩岸關係。

對中國大陸的執政者，也是如此。雖然中國大陸並沒有因選舉而產生短效性的干擾，但在延續政治生命額外限制因素下，其考量也同樣會有先天的侷限性。

此外，筆者論述與期盼對象，也包括了廣大的台灣與大陸人民。對人民而言，統獨問題應該再單純不過了，沒有也不該被任何政治因素所左右，其主張與心中的理想，以及和其現實的實際利益應該是一致的。因此，人民更該用比較深入的方式去解剖統獨問題，先建立明確清楚的實然判斷（兩岸的現狀、分合的損益等），然後據以作出合於人民利益、獨立的應然選擇。當人民都能不爲情緒式、基於特定政治目的的圖騰式統獨論述所惑，政治人物也就必須從淺碟型的統獨論述裡走出來，用更負責的態度來爲民眾在兩岸的政策上作明確的交代。

第五章

統獨光譜表

從公投議題，談統獨定義

「魁北克正式向加拿大建議，希望在尊重魁北克前途的法案框架內，和不逾越一九九五年六月十二日協定的原則下，成為加拿大的新政經夥伴，在此情況下，你贊成魁北克獨立嗎？」

這是一九九五年魁北克公投獨立時，公投選票上印的問題。很複雜，對不？

這還只是魁北克，台灣如果要進行統獨公投，問題只怕會複雜十倍。

在談統獨之前，我們必須先簡單看看更基本的問題，什麼是統？什麼是獨？事實上，如果大家仔細想一想，應該會發現一個很有趣的現象，國內統獨陣營爭執統獨問題數十年，但似乎從不曾聽過有人對「什麼是統、什麼是獨」下過明確的定義。在對統獨的定義都沒弄清楚時，卻能明確區分敵我，振振有辭捍衛統獨，不也是奇事一樁？

兩岸分合選擇

基本上，統獨並不是精確的詞彙，它的意思應該是指「兩岸的分合模式」。從國際法概念對國家可能的分合類別來觀察，則兩岸的分合選擇，大致有如圖 5-1 所示的幾種可能。

從圖 5-1 可知，如果把統獨結合一定政治意義，當成兩岸分合的強度指標（愈合則愈統、愈分則愈獨），那麼台灣與中國大陸由統到獨的可能選項包括：同一單一國⑭（民主模式、非民主模式⑮）、聯邦國⑯、一國兩制⑰或三制、其他中間形態（如邦聯國⑱、歐洲聯盟模式、經濟共同體⑲、國協⑳等）、各自單一國（兩個中國模式㉑、台灣獨立建國模式㉒）。此外，界於統獨之間尚可另外畫分出所謂的「過渡性定位」，包括以未來統一為假設的一中兩國（德國模式）、九二共識（一個

圖 5-1：兩岸分合的可能模式－統獨光譜表

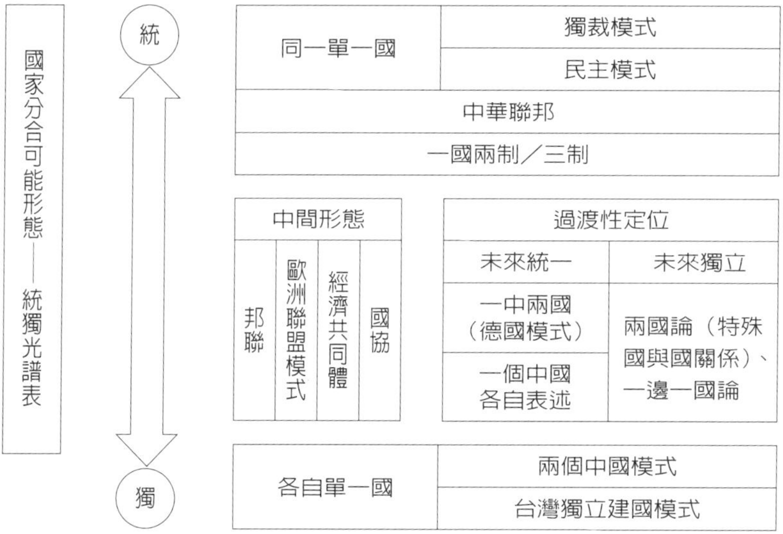

中國，各自表述）以及隱含獨立目標的兩國論（特殊國與國關係）或一邊一國論。

以上只是概略的區分，就已經極其複雜，且每一個特定模式，都足以用一篇論文去論述它的內涵。這時候問題來了，在以上的統獨光譜表中，我們該從哪裡去切割，來分別，什麼是統？什麼是獨呢？

從主張獨立的基本教義派的理想來看，所謂獨立要的是新國旗、新國號、新國家（獨立的形式目標），並與中國永不相涉（獨立的實質目標）。從這個角度來看，「獨」指的應是圖 5-1 統獨光譜表上，最下端的台灣獨立建國模式，其他的都該算「統」。如果是這樣，那麼澳大利亞和英國就應該算是統一的國家，因爲他們都是大英國協的成員；德國與法國也是統一的國家，因爲他們在以前都是歐洲共同體的成員，現在則都是歐洲聯盟的成員。但這似乎有些說不過去。

過度簡化與極化統與獨

除了台灣獨立建國這項堅持外，部分政治人物通常也比較喜歡簡化統獨的區分。對他們來說，不但獨的意義只有單一的意思：「台灣獨立建國」；統也被簡化成代表是統一在非民主（通常會被描述成極權或獨裁）模式下的同一單一國：中國之下。然後用二分法來區分，不是獨，就是統，那麼幾個等號就順理成章地出現，反對台獨等於支持統一，支持統一等於支持被非民主模式的中國併吞。很明顯地，台灣人民不可能接受與認同被不民主的中國統一，因此「統」意指的是違反台灣人民的意願，於是乎這些反對台獨的人就是賣台集團或不愛台灣的結論，就理所當然地作成了。

這樣的邏輯不能說全錯，其最大的謬誤是，忽略了時間條件。

兩岸分合的五種主要態度

如果要仔細畫分台灣人民當下對兩岸分合的態度，至少應有五種立場㉓。

⑭ 同一單一國，指中華民國與中華人民共和國結合單一的國家，可能情形包括吸收合併與新設合併兩種。吸收合併意指，中華人民共和國併入中華民國成為其一部分，中華人民共和國的國際法人格消滅，而中華民國的國際法人格繼續存在，或相反的情形，中華民國併入中華人民共和國之中，前者的國際法人格消滅，後者的國際法人格續存。新設合併意指，中華民國與中華人民共和國合併成為一個新的國家，二者的國際法人格均消滅，其在國際上的權利與義務，則由一個新成立的國家繼承。

⑮ 所謂民主模式，指的是在同一單一國，其最高決策機關（依不同的國家體制設計而有所不同，例如在總統制的國家中，這個最高決策機關指的是總統和國會；在內閣制的國家中，可能僅指國會）是透過一個競爭性選舉制度，由人民藉由普通、平等、直接的選舉所產生。所謂的非民主模式，例如中國大陸目前一黨專政的現狀。

⑯ 例如美國、德國等。

⑰ 例如目前的香港與中國大陸的關係。

⑱ 例如南北戰爭前的美國。

⑲ 例如歐洲共同體（歐洲聯盟的前身）。

⑳ 例如大英國協、獨立國家國協。

㉑ 中華民國與中華人民共和國均以中國自居，但各為平等獨立的國家。

㉒ 透過修改憲法，更動國名（例如將中華民國改為台灣共和國）的方式，昭示台灣為一個新的主權獨立國家。

㉓ 詳細討論，請參考第六章。

圖 5-2：統獨態度的五種可能選項

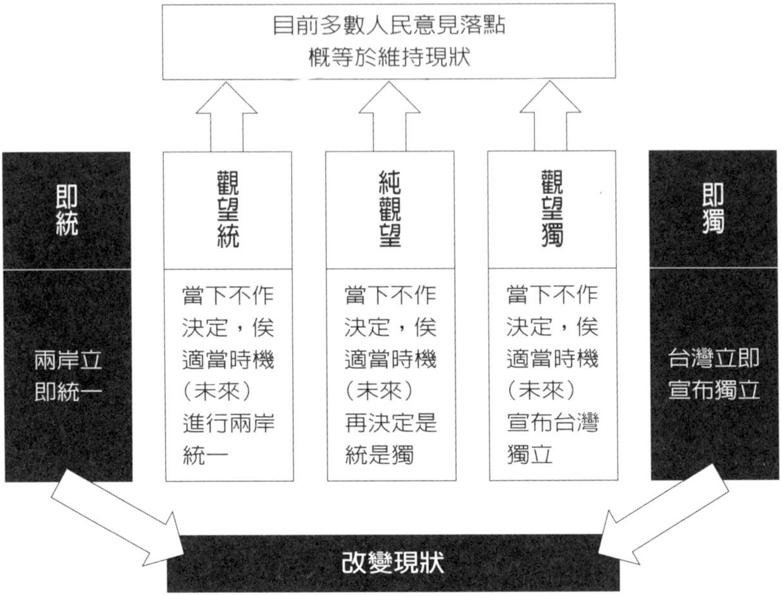
目前多數人民意見落點
概等於維持現狀
即統
兩岸立
即統一
觀望統
當下不作
決定，俟
適當時機
（未來）
進行兩岸
統一
純觀望
當下不作
決定，俟
適當時機
（未來）
再決定是
統是獨
觀望獨
當下不作
決定，俟
適當時機
（未來）
宣布台灣
獨立
即獨
台灣立即
宣布獨立
改變現狀

一是「即統」，也就是希望立即統一；二是「觀望統」，當下不作分合決定，俟環境條件成熟後，實現統一的目標；三是「純觀望」，當下不作分合決定，依歷史情勢發展判斷，統獨皆無不可；四是「觀望獨」，當下不作分合決定，俟環境條件成熟後，實現獨立的目標；五是「即獨」，希望立即獨立。

我相信，在台灣主張「即統」者是絕無僅有的，因爲中國現在尚不民主，很難想像有人願意在這樣的時空條件下統一。因此，大多數的統派指的是「觀望統」的族群。事實上，這些人主張統一是「有條件的在未來統一」，所謂的條件指的是「中國的民主化」以及「兩岸經濟水平的拉近」。刻意忽略這群人主張統一的條件，是不公允的。

由此，也衍生出另一個長期被我們關心的問題——統獨公投，它將引起數個層次的問題。

首先，當我們要進行統獨公投時，必須瞭解的是，從統獨光譜表來看，統獨的議題設計，是有很多種可能選項的，如果我們用「台灣應獨立」作爲公投議題，那麼什麼叫「獨立」是大有學問的；同樣地，如果我們用「兩岸應統一」，也涉及了什麼叫「統一」的定義問題。如果我們要從以上的光譜表中選一個範圍較特定的分合模式作爲公投議題，也很不實際，因爲，要選哪一個特定分合模式，就足以爭論不休了。

政治操作公投議題之爭議

其次，就算統獨有很明確的定義，公投議題的設計，仍可以有許多政治性的操作空間。如果我是獨派，我一定會希望公投議題是「兩岸應立即統一」，因爲可以想見的，這個議題是不會通過的，一但這樣的議題不通過，獨派就可以用非正即反的邏輯宣稱，台灣人民是支持獨立的，這也是爲什麼陳總統常有意無意地強調，只有統一公投，沒有獨立公投。

同樣地，如果我是統派，我也會希望公投議題是「台灣應立即獨立」，因爲從歷次民調來看，支持立即獨立的人很明顯的，相當有限。會有這種統、獨都很難通過公投的情形出現，它的道理很簡單，因爲台灣絕大多數人的立場都是座落在「觀望統」、「純觀望」與「觀望獨」這三個區塊上，僅針對「即統」與「即獨」來投票，自然過不了關。當然，公投還是可以把五種選項——「即統」、「觀望統」、「純觀望」、「觀望獨」、「即獨」——採複選的方式全部涵納，以現在的民意分布來看，從歷次民調可看出，也很難有一個明確的選項會取得過半數。或者說，就算眞有一個選項會獲得過半數，應該也是「觀望統」、「純觀望」以及「觀望獨」這三項較可能獲得多數的支持，這「觀望」之意也等於是「當下不作終局決定」，也約略等同於維持現狀。

從以上的角度來說，以目前的條件要進行統獨公投，先不論是否會引起中共武力犯台，它對於促進國民意志實現的實質意義是頗爲有限的。

公投選票文句設計爭議

此外，公投選票上的議題文句設計也是大有學問的。以魁北克公投選票上的議題文句爲例，在「你贊成獨立嗎？」這個主要的投票項目，嚴格來說，其實還附加了其他的條件，包括「在尊重魁北克前途的法案框架內」、「不逾越一九九五年六月十二日協定原則下」、「成爲加拿大的新政經夥伴（獨立後仍爲「夥伴」，而不是敵人）」。這就出現了三個問題，首先，這些條件想表現的意思是魁北克獨立後仍可以和加拿大維持友好關係，然而實際上，就算魁北克可以片面用公投決定獨立，但能不能和加拿大維持友好關係，卻明顯不是魁北克所能決定的。因此這些投票條件暗含的未來友好關係，有可能會形塑一種錯誤的樂觀，誤導人民的投票抉擇。

其次，這些附加的條件本身，就有可能是一種投票項目，不同的投票項目是否得以混在同一張選票上進行公投是大有問題的。具體來說，如果友好條件沒有實現，而公投獨立通過了，那麼魁北克到底算不算獨立？就如同，假設我們的公投選票上印的是「在中共不以武力犯台的情況下，你贊同台灣獨立嗎？」如果公投結果百分之六十贊成，而中共也立刻以武力犯台，那麼這次公投的「獨立」決定到底有效無效？事實上，這是無法判定的，因爲在百分之六十的贊成票中，你不知道到底有多少是中共打台灣就不支持台獨的選票，以及中共打不打台灣都支持台獨的選票。

最後，這一章既不是在談台灣該獨還是該統，也不是在反對統獨公投甚至是反對公民投票。事實上，我贊成台灣建立一套周延的公民投票制度，透過一定程度、一定範圍的直接民主機制，來補強目前間接民主（議會民主）一些效能不彰與制衡不足的弊病。這一部分，並非本書的主題，故筆者在此暫不作深入的論述。

筆者在本章中，想要傳達的意見只有兩個：

其一是，統獨問題的核心對兩岸分合模式的選擇，有很多很多的可能，並不是只有最極端的兩種選擇：冒著戰爭風險，立即宣布台灣獨立建國；放棄民主現狀，立即被尚不民主的中國大陸吸收合併。只要能充分運用智慧與耐心，在台灣內部理性地討論，對中國大陸平和地溝通，一定有辦法找到最符合台灣人民福祉，也不違背中國大陸人民期待的一種大家都能接受的安排。

其二是，公民投票制度雖然有值得追求的價值，但正因爲我們要實現公民投票的眞義，就不能不瞭解它在技術上的限制因素，特別是在議題設計時可能出現的困難，以及被特定政治目的操控的可能。一旦認清這些難處，我們才能在未來制定公民投票法、實行公民投票制度時，避免可能的弊端。

第六章

理性與感性

謙卑地尋找感性犄角上的理性共識

柏拉圖被認為是西方一位偉大的思想家，然而處在奴隸經濟的時代，他對奴隸所抱持的態度，最多也只是主張「雖不苛待，但可鄙視」。柏拉圖的腦海裡並沒有人皆（包括奴隸）自由的概念，他的觀念仍受到他所處的時代限制。

孔子被認為是東方一位偉大的思想家，然而處在父權、夫權至上的時代，孔子仍不免語帶歧視地說：「唯女子與小人難養也。」孔子的腦袋裡並沒有性別平等的概念，他的觀念仍受到他所處的時代限制。

「人，都很難掙脫時代所加諸給他的限制。」這是我們在檢視自己的言行舉止與價值觀時，應該擁有的謙卑態度；而這樣的謙卑態度，也應該是討論統獨問題的起點。不管是支持中國統一還是台灣獨立，都應該捫心自問，自己的意見是否只是受限於時代的一種不成熟的想法。

最明顯的限制，就是一種來自記憶與情感的限制。

如果，你支持中國統一，是不是很難理解，爲什麼會有人（且還不少人）支持台灣獨立這種危險、瘋狂與悖離華夏民族的行爲？如果你支持台灣獨立，你會不會也很難理解，那些人（也不算少）吃台灣米、喝台灣水，卻可以不愛台灣，胳臂往外彎，去支持中國統一？

其實，這牽涉到人的心中都存有一些主宰我們價值選擇與判斷的記憶與情感因素，這些屬於潛意識的機制，常常會選擇性地去剔漏及強化一些資訊，然後造成一些表面上處在相同或類似條件（例如都是住在台灣）的人，面對相同的問題（統獨），卻作出截然不同的判斷。統一主張者以爲台獨支持者「悖離」華夏民族，這「悖離」兩字是統一主張者受限於記憶與情感所附加的情緒詞彙。同樣地，台獨主張者以爲統一主張者「不愛」台灣，這「不愛」也是受限制的情緒詞彙。

三則歷史事件的理性與感性

我們來作一個實驗。大家不妨瀏覽以下三則歷史事件。

一九三九年九月一日德國入侵波蘭，引爆了第二次世界大戰的歐陸戰爭。從一九三九年到一九四五年間，六百萬猶太人死於納粹德國的種族滅絕政策，歐洲大陸約有百分之七十的猶太人遭到屠殺。

一九三七年日本全面發動侵華戰爭，並於十二月十三日攻陷南京，之後即展開南京大屠殺，血洗南京城，姦淫擄掠，屠殺無武力的南京居民，短短數月即殺害了三十萬中國人。

一九四七年二月二十七日，台灣一名查緝員於查緝私菸時與民爭執，毆傷婦人，並誤擊路人致死，引發連串抗議事件與省籍衝突，台灣當局進行軍事鎮壓，造成平民死傷。由於史料佚失，死亡人數估算落差甚大，政府於各地興建的二二八紀念碑，其碑文則以「數以萬計」粗略帶過（「數以萬計」的措辭，以萬為單位，也引起不少爭議，但不在本文要討論的範圍，姑且按下不表）。

我們暫且以這三個歷史悲劇為基礎，作進一步的討論。

對於一個「中國人」（精確來說，是指對中國有認同感的人）來說，猶太人遭到屠殺，他多半可以用比較客觀的理性態度，來批判德國納粹的行為，但這樣的批判可以是不帶歷史情感的，這樣的群體會認爲納粹的作法不對、殘忍、不人道，應作爲歷史借鑒，卻不會強烈到在情緒上仇視德國納粹甚或移情地仇視今日的德國。

但南京大屠殺對中國人而言，情感上的複雜性就要比猶太人被屠殺這樣的悲劇來得強烈多了。有些人不僅會從客觀理性的層面批判南京大屠殺，更容易從主觀感性的層面仇視日本軍閥，更有甚者，會產生移情作用仇視今日的日本。

猶太人遭到殺害和中國人遭到殺害，都是人類歷史上的一個悲劇，其本質並無不同。今時的人，對這兩個歷史事件，理性上的批判或許相同，但在感性上的批判卻可能有天壤之別。對中國人而言，大多數人對猶太民族並沒有情感認同的存在，因此，六百萬的猶太人被屠殺，中國人對之的評價是惋惜卻搆不上悲憤。

但對南京大屠殺的態度就大不相同了。日本侵犯的不只是一種可以用客觀理性評斷的普世人權，更重要的是他侵犯了中國人集體的情感認同，因此對於南京大屠殺，中國人的情感評價就不僅僅是惋惜，而是更強烈的悲憤。

這時，我們再把二二八事件套入，就會發現更爲矛盾的情感因素。

我們不能以二二八事件的死亡人數無法和屠殺猶太人以及南京大屠殺相比，或者以其歷史背景不同作爲理由，來降低二二八事件的可非難性。而且迫害的本質既一，理性上自應對造成該事件的執政者作出批判，亦即以今日之價値，從理性出發對之非難，並爲後世之鑒，這點應無爭議。

但情感上，不同的群體受到不同的潛意識約制，仍會對二二八事件作出情緒上的不同反應。如果我們從區分「事件」（屠殺猶太人、南京大屠殺、二二八事件）、「角色」作二維的分析，對於受難者家屬而言，屠殺猶太人、南京大屠殺這兩個事件，相較於二二八，在情緒反應上就顯得疏遠，可能會感到惋惜卻搆不上悲憤；對於二二八事件，則會有較強烈的情感反應。而這樣的情感反應，會對與之有較相近背景條件者發生屬於同情性質的感染力，所以對許多本省籍的族群，縱然並無親人受難，也可能會在情緒上產生感同身受的現象。

然而對許多的外省籍族群，情況卻有不同。雖然在二二八事件中，外省籍族群亦有死傷，然而由於統治權力在當時畢竟是掌握在外省籍政治人物之手，因此外省籍族群對所謂當時外省籍族群也有傷亡的證說，其論述重心多少是帶有「防衛性的免責」而非「攻擊性的責難」。也因此，許多外省籍族群對二二八事件在情感上就會出現一種頗爲矛盾的情結。

這其實沒有誰是誰非的問題。打個比方，即使你不是猶太人，如果你在理性上竟認爲屠殺猶太人沒有什麼不對，這樣的態度就該受到批判。但是我們卻很難責備你對於猶太人的處境，在感性上不覺得悲憤。同樣地，對二二八事件的情感強度不同也無法責難，雖然理性上我們應該對這樣的悲劇知所警惕，並且透過歷史的還原、紀念活動的舉辦，提醒自己與後世的人民或政府，不要忘了這曾有的悲劇，絕對不可再讓歷史重演（詳見圖6-1）。

中國記憶的強弱對統獨態度的影響

瞭解了這些所謂理性判斷與感性判斷的分別後，我們就不難理解，爲什麼同住台灣的住民，對統獨問題應如何解決會存有南轅北轍的立場。我想不出比較好的情感區分標準，先用「中國記憶」來籠統稱之好了。中國記憶較強烈的群體，對中國統一會有較多的情感期待，反

圖6-1：對於不同歷史事件，不同群體的理性與感性評價傾向

	華人				猶太人	
	中國記憶較淡薄者		中國記憶較強烈者			
	理性評價	感性評價	理性評價	感性評價	理性評價	感性評價
二次大戰猶太人遭屠殺	應非難	中立	應非難	中立	應非難	悲憤
南京大屠殺	應非難	中立	應非難	悲憤	應非難	中立
二二八事件	應非難	悲憤	應非難	中立	應非難	中立

之，中國記憶較淡的群體，甚至有「反中國記憶」情緒的群體，對台灣獨立會有較多的情感期待。不過在此筆者要強調一點，「中國記憶（情感）」並不是用來對抗「台灣記憶（情感）」的對抗性座標，一個人可以既愛中國也愛台灣，就如同住台北的人說他愛台灣，你不能以此衍生出他不愛台北這個結論。

以謙卑態度認識自我主張

這實在是個麻煩的問題，也很容易因此割裂不同情感傾向者之間的友善關係，所謂統獨問題引起的族群摩擦就導因於此。這時我們應該要回到本篇文章一開始談的「謙卑態度」，也就是認識自己主張（統獨判斷）的侷限性。

一旦有這種謙卑的認識，我們才有可能進行以下兩個層次的態度修正：

一是消極面的。如果情緒的排除是不可能的任務，那麼至少應該要求自己擁有一顆同理的心，去體諒與理解有不同情感傾向的人，他們在自己的傾向下有其不得不然的統獨判斷，一如自己也是受限於情感傾向才作出了統獨判斷。有了這層同理心，就算統獨立場不同，也可以避免水火不容的情感決裂。

一是積極面的。就是試圖掙脫這個情緒侷限，用更寬闊的胸襟與視界，重新去認識統獨判斷相左的不同群體間，共同的希望與目標是什麼，然後化異求同找出最大公約數，解決彼此間不必要的對立。

如前所述，從情感出發而產生價值的追求，是無可厚非的。有些人對台灣獨立的主張，是上綱到宗教教條的層級，有不可牴觸的神聖性，在台灣獨立的目標下，犧牲一切都是值得的。這樣的理想追求，我們無須非難，卻希望提供另一種思惟的方向，給所有關心兩岸問題的人來參考。

如果台灣獨立對某部分的人是不可讓步的神聖使命，那麼我們是否該以同樣的理解，去體認中國大陸的執政者或人民，從民族使命的立場，訴求中國統一的神聖性？當一個人認爲自己的主張與價值是絕對的神聖與不可讓步時，那麼他也將同時失去質疑的權利，去質疑同樣將其主張神格化而不肯讓步的對立者的立場的正當性。於是當兩岸各擁的「神」相遇時，不相退讓的結果，就只有用叢林法則下暴力比較（戰爭），來決定雙方神祇的存歿。但這種神聖對立可能引致的毀滅式結果，眞的是我們要追求或無可選擇的結果嗎？

神化自己的主張，不相退讓，不僅是兩岸間形成僵局的原因，也是台灣內部族群情感撕裂的最主要因素。例如李登輝前總統爲了推動台灣正名，即一再表示「中華民國已不存在」，這樣的論述引起了很大的爭議。筆者雖覺得李前總統的論述除了有一些邏輯瑕疵外，最大的問題就是把正名使命神格化。但部分反對李前總統者的回應方式，其實和李前總統一樣，並非針對李前總統的「不存在說」進行邏輯批判，而是另外舉了一個神格化的論述——「捍衛中華民國」來進行對抗，台灣正名與捍衛中華民國變成另外兩個互不讓步的「神」，當然沒有理性對話的可能。

理性看待統獨問題

這時，筆者想提供一個三角法則來理性看待統獨問題。我們是不是可以姑且「暫時」去除掉統一與獨立在情感面的神聖性，以理性的態度，把統一與獨立當成三角形的兩個犄角，然後問「爲什麼要統一」以及「爲什麼要獨立」，把統、獨姑且想像成一種達成特定目的的工具，來想想不把統獨當神時，我們之所以主張統，或之所以主張獨，到底爲的是什麼？也就是，在兩個犄角之上，找出雙方共同認爲更重要的第三個角。

如果這個問題拿來問我的話，我會說那是：「人民的最大福祉。精確地說，就是自由、民主、均富。」哪一種兩岸分合的模式，可以達成這個「人民福祉」的最大滿足，就是我所支持的分合模式。

一旦我們找到了超越統獨的更高價值，那麼我們就可以用這個更高的價值回頭檢視，到底中國統一和台灣獨立哪一種方法，比較能促進更高價值的實現，這時，我們才去支持那個比較符合最高價值的方案。如果，我們發現統與獨都不是一個實

圖 6-2 ：理性衡量統獨的三角法則

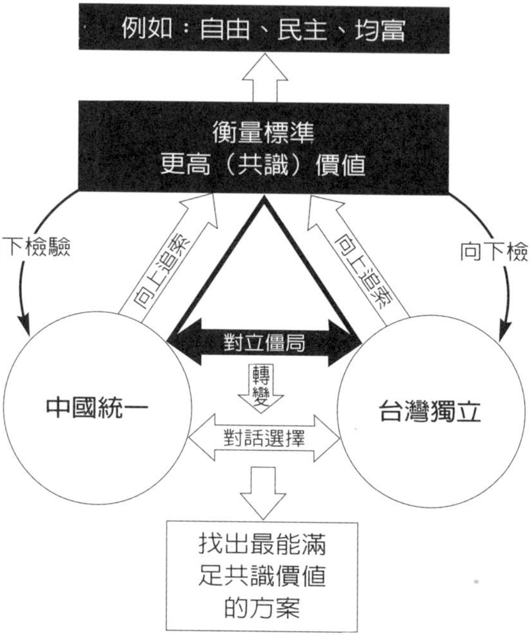

現所謂更高位價值目標的最好方法，而有統、獨以外的第三種方法的話，那麼我們也可以大方地接受這第三種方法（詳見圖 6-2）。

簡言之，不要讓中國統一與台灣獨立成爲一種「最高目標」，形成無法對話的對立僵局，而是要找出雙方都能認同的更高位價值，也就是共識的價值（例如自由、民主與均富），那麼再以這個共識價值作爲一種檢驗標準，來檢視我們心中原先期許的方法，比起對方期許的方法，誰的方法較能使得這個共識價值獲得滿足，那麼就該接受他的方法。這樣作法的好處是，可以使得原本看似僵持在對立之中的統獨雙方取得對話的可能，把原來所堅持統或獨的情感因素抽離，轉化成單純的公共政策選擇。這不僅是從台灣人的角度，應該要建立的一種包容性統獨思惟，也是中國大陸當局與人民應該要試圖建立的包容性思惟。畢竟，如果你把中國統一當成沒得談的歷史責任，那麼別人自然也可以把台灣獨立當成沒得談的神聖使命。

讓時間解決對立與矛盾

衷心希望，台灣人民能夠暫時放下從情緒出發的統獨對峙，不要總是將統獨問題簡化成「愛台灣」與「賣台灣」的立場對壘。事實上，統也好、獨也好，只要能促進台灣人民的最大福祉，都是值得追求的目標，我們同樣站在台灣這塊土地上，不要因爲統獨立場的不同，就去質疑對方愛台灣的心，甚至將彼此視若寇讎。

不同意見的群體彼此，應該用和平的方式，努力地尋找交集，平心靜氣進行談判與溝通，只有這樣，情緒的對立才有機會轉化成理性的討論，而不必訴諸叢林式的暴力對抗，這包括了台灣內部的對抗，以及台灣與中國大陸的對抗。只要我們釋放了這樣的理性空間給自己，就會發現，統獨之間並不是一個絕對零和的選擇，只要我們能掙脫情緒的枷鎖，走進理性的場域，時間將會幫我們解決所有在今時今地看來是困難無解的對立與矛盾。

第二篇
對話
兩岸理性與感性

2005年1月15日，台灣代表台北市航空運輸商業同業公會理事長樂大信（右二）與中國民航總局台港澳辦公室主任浦照州（左）於澳門凱悅飯店舉行兩岸春節包機協商。右一為台灣民航局長張國政。兩岸的理性對談，促成了1月29日的包機直航，為兩岸寫下新的歷史。（中央通訊社）

中國大陸有十三億人，台灣只有二千三百萬人，對大陸而言，包納、寬待這二千三百萬人不會因此失去什麼，反而如同筆者所強調的，可以藉以引據更多來自台灣的支持。當大陸的善意，結合台灣的善意，共締了類似德法在五十年前成立歐洲煤鋼組織，為今日歐洲聯盟奠基的善意循環、信任循環，那才是真正值得兩岸同胞共同追求的不世成就。

第七章

什麼是中國？

政治獨立不應與文化歷史混淆

是一闕李煜的詞、一首李白的詩；是趙雲的無雙之勇、孔明的神算智計；是孔子的微言大義、墨家的兼愛、老莊的無為……這點滴累積而成的就是中國。

「春花秋月何時了，往事知多少？小樓昨夜又東風，故國不堪回首月明中。雕闌玉砌應猶在，只是朱顏改，問君能有幾多愁？恰似一江春水向東流。」這是李後主憂懷故國所寫的詞，歷時千年，感動無數人心。

「趙雲懷抱後主，直透重圍，砍倒大旗兩面，奪槊三條；前後槍刺劍砍，殺死曹營名將五十餘員。後人有詩曰：『血染征袍透甲紅，當陽誰敢與爭鋒！古來沖陣扶危主，只有常山趙子龍。』」這是羅貫中所著《三國演義》中，趙子龍單騎救主的橋段，讀之無不令人熱血澎湃。

是一闕李煜的詞、一首李白的詩；是趙雲的無雙之勇、孔明的神算智計；是孔子的微言大義、墨家的兼愛、老莊的無爲……這點滴累積而成的就是中國。

李登輝前總統執政後期，到民進黨政府執政的五年，十多年來，政府向獨派傾靠的態勢分明，並似乎有意在教育上進行「去中國化」的工程，希望將台灣與中國在文化上切割成兩個對立體。因此，也有意無意地貶抑中國文化的價值。只是筆者不禁疑惑，中國文化眞的那麼令人鄙夷嗎？筆者曾經看過一篇文章，大意是如果國家可對「歷史文化」主張著作權的話，那麼日本恐怕得付給中國高昂的權利金，因爲單單《三國演義》，就讓日本以之爲題材的電玩、動畫、漫畫賺進了無數的利潤。

去中國化的謬誤

基本上，政治人物不管是基於自身的理念也好，或基於政治利益的盤算也罷，主張台灣獨立，這個主張本身是中性的，無須用價值觀去責備。但不能認同政治人物為了追求政治上的獨立，而把去中國化當成實現台獨目標的工具，因為台灣獨立的追求無須也不應建立在對中國文化的切割上。

就算李清照、杜甫、曹雪芹、羅貫中的作品都無法讓自詡台灣人的政治人物感動驕傲好了，但中國文化切除掉以後，剩下就真的會是台灣文化嗎？

台灣的民間信仰中，媽祖、關帝聖君等等，有多少神祇是來自於中國的歷史典故？部分獨派的政治人物即使精於算計地宣稱台灣人早沒有剩多少中國人的血統，那有可能把陳、王、張、吳這些源於中國的姓氏還給中國嗎？可不可以不要用中國的文字，自己去創設新文字？又可不可以不要用閩南語（這語言也是源自於中國的閩南地區），自己去編出一套新的語言發音系統？

如果不行，那又是為什麼呢？那是因為，文化本就是一個不可分的歷史結果。台灣有其傳承自中國的歷史與文化，也有在台灣本土衍化出的特殊歷史與文化，這兩種文化特質早在時間的長河中，水乳交融在一起。要抽離中國文化以尋求台灣文化的獨立性，就如同告訴一個人，我要把你的母親／父親的血統特徵從你的身上抽離，以單純地保有你的父親／母親的血統一樣不可思議。甚至可以說，這種作法，其結果反而才是一種台灣文化的消滅，因爲台灣文化所內蘊的中國文化是一個無法被剝離的元素，強行除去的結果，適足以造成台灣文化的失根乃至覆滅。換言之，所謂去中國化的文化操作，眞正的結果反而是去台灣化，因爲台灣文化是一個結合大陸與在地風俗習尚、人文歷史的文化綜合體，如何可能進行去一存一的分割？

從部分政治人物的短期政治利益來說，去中國化的操作所帶來的鄙中乃至於仇中情結的效果，由於可以加深兩岸人民的敵意與隔閡，一旦成功，在某方面似乎有利於台灣獨立的目標追求。但台灣人民卻得從此淪入一個失根的文化深淵之中，即便從功利面來說，由於華人文化在亞洲乃至全球的影響力隨著中國大陸的崛起而日益增強，自絕於中國文化的台灣文化，也等於自棄於既有的文化優勢。

從獨派政治目標的追求來看，追求政治上的台灣獨立，不應扭曲台灣的歷史本源。中國文化是台灣文化的一部分，如果獨派人士眞如其所表現的如此重視台灣文化的傳承，更應該泱泱大度地包容台灣文化中所既有的中國文化內涵，而不是將政治與文化混淆，爲了政治上獨立目的的追求，去扭曲文化上兩岸融通的事實㉔。

㉔ 參拙文〈什麼是中國？政治獨立不應與文化歷史混淆〉，刊於《自由時報》，二〇〇四年十一月十八日。

第八章

耐心比勇氣重要

改國號並不能贏得「獨立」空間

就算是為追求台獨故求制憲，也不必急於一時，留一些等待的時間，以避免讓兩岸關係從僵局走向破局，為台灣帶來不可回復的災難。有些目標不管你多麼強烈渴望，但真要實踐的話，耐心有時比勇氣更重要。

什麼叫台灣獨立？如果問我，我會說台灣現在不就已經獨立了嗎？我們有自己的司法系統，有自己的軍隊，有自己的租稅制度，有自己選出來的總統、副總統、立法委員、縣市首長……這一切，還不是獨立嗎？

然而，這對筆者而言，理所當然的「獨立」，對獨派政治人物來說，似乎就不是那麼的理所當然了。從獨派人士的運動脈絡中，除了前一章提到的文化工程外，獨派似乎並不太強調中華民國現狀上獨立的實質，而在追求他們所要的獨立形式，其中最重要的兩個形式目標，大概就是「制憲」與「正名」。

關於制憲的主張部分，爲了盡可能減少立場制約帶來的認識障礙，我先假設自己是一個支持制憲主張的人，然後想想，我爲什麼要支持制憲？

大概有兩個最重要的理由：第一是希望重構政治結構；第二是希望建立新的國家意識乃至於建立新國家。

先談前者。從結果論來看，我國的政治體制相當程度陷入了某種僵局之中，使得政治亂象始終不得其解，這很可能是國家的建築藍圖——憲法——出了問題所致，五權憲法設計是否應改爲三權分立架構；有待明確釐清的總統權責以及行政與立法關係；不適當的選舉制度設計等等。這時，與其零零散散地修憲，不如畢其功於一役的制憲。

至於後者，我先試圖把自己想像成是一個希圖去中國化、建立台灣主體性乃至於追求建立台灣新國家使命感極其強烈的人，這時的我會傾向認爲：一九四七年公布施行的憲法所帶有的中國象徵性，毋寧是十分礙眼難忍的，如果能透過「毀舊憲、立新憲」的過程，即使權宜性的不改國號，也至少能徹底地在國家根本大法中，移除中國象徵性，這將是台灣獨立建國運動的一大勝利。當然，這寥寥數言，不可能一舉概括所有的制憲理由，筆者只是圈點其要，試加說明而已。從這些出發點來看，我們必須先肯定制憲的確是可以不帶情緒去討論與考慮的選項。

制／修憲的現實分析

接下來，筆者要從這個假設立場走出來，謹愼客觀地檢視這個我剛剛假設支持的想法，有沒有其他的思考角度存在。

首先針對重構政治結構的意見，大體上，並非一定要透過制憲爲之，沒有理由說不能用修憲方式進行重構，這一點制憲與修憲的功能是相同的。但制憲派的優點在於零修不如整建，這點技術性功能，筆者認同；但能否畢其功於一役？筆者則甚表懷疑，關鍵在於制憲派先否定現行憲法的最高性，再試圖建立新憲法的最高性，但對憲法最高性的尊重是建立在穩定的習慣上，一旦加以破壞，這個由民進黨主導建立的最高憲法的正當性，除非永遠是民進黨執政，否則一旦民進黨下野，接替的執政者爲何就不可以再重建一個合乎自己胃口的「最高性」呢？最後的結果將是，沒有「最高性」的憲法存在，只有「最高興」的執政黨存在，端看執政黨喜不喜歡手上的憲法，就可以不斷地主導一次又一次的制憲運動。

但也有可能的情形是，制憲過程雖是由民進黨主導，但制憲結果卻是眾口皆服、公平合理的。因爲對這部新憲法的公平性，大家並不爭議，因此新的最高性得以建立，這點可能不能排除。

所以基本上，從重構政治結構的角度來說，筆者基於同意目前政治結構的確造成台灣許多的僵局與亂象，若眞能突破僵局，終結亂象，就算只有短期（四年、八年……看民進黨執政的長久）效果，大體上筆者並沒有太大的制／修憲的路徑堅持。這時筆者比較在意的，其實是制憲所帶來的在統獨面向上的影響。

惟在進入到涉及統獨問題的討論前，先要說明的是，我認同台灣，但也同時對中國的歷史文化與同胞抱持著濃郁情感，這兩者並不衝突。就算非得追究衝突可能性存在時，我的抉擇一點猶豫與懷疑都不必，在合乎普世正義（例如人權保障）的範圍內，我是以台灣利益爲優先的，相信許多人都有同樣的心情。而基於對中國仍有的情感，在直覺主觀上，我較傾向兩岸是合（這合的意思不必然指政治上的統一）非分。但我仍可以理解、諒解台獨主張，如果那眞的是大多數台灣人民的抉擇，我也表示尊重。因此，筆者覺得特定群體基於台獨偏好，希望以制憲方式迫近台獨理想的想法似不必非難（同理，有人基於相反的情感而反對制憲或台獨，也不必視之爲寇讎），只是仍有一些地方必須深思。

統獨與制憲的迷思

第一，什麼是台灣獨立？是台灣本身的宣示即爲已足？還是實質上須得到大多數國家的承認？若是前者，不必制憲、改國號，我們本就是主權獨立的國家，甚至不必宣示，其目的亦已達成。若是後者，則更改國名會使得中共的施壓減緩或使得其他國家比較願意承認台灣嗎？事實上，以最具指標性的美國來說，從最近美方各層級代表與官員一連串反對台獨的發言以觀，答案應該很明顯才是。

此外，台獨主張者常有的另一個論述是：反正宣不宣布台獨，中共都在打壓台灣，那麼理他作啥？這個論述前提正確，結論不周延。打壓有程度之分，抽象打壓（口頭、軍演），影響的是面子；具體打壓（動武），毀滅的是生存。但若有人認爲，屈辱苟活不如光榮戰死，這屬於最終立場抉擇，很難再作深論。

第二，可否把時間因素考慮進去？現在的中國大陸動輒以武力威嚇台獨。若有一天，中國大陸有一個透過競爭性民主機制選出來的總統與國會，大陸和台灣擁有相同的經濟生活水平，這時擁有富裕經濟與民主包容力的中國大陸還會用武力來反對台獨嗎？以魁北克獨立運動爲例，即便獨立聲浪最高的時候，經濟水平與民主包容性均高的加拿大政府，也只有口頭表示反對而已。甚至一九九八年加拿大最高法院還在其判決中說：「若魁北克居民多數選擇獨立，其他省分和聯邦政府不能剝奪魁北克政府追求獨立的要求，必須與魁北克談判。」

第三，統與獨，是太過簡化的說法。什麼是統？什麼是獨？這中間有許多體制的可能性存在。無條件投降是統，接受一國兩制是統。像波多黎各享盡美國給他的好處，卻不用負擔對美國的義務，這樣是統還是獨呢？像美國一樣的聯邦制呢？邦聯制呢？像歐洲聯盟或早期歐洲共同體的情形呢？成立關稅同盟、貨幣同盟或自由貿易區呢？這林林總總的選項，再加上賦予時間去等待這些選項的成熟時機，與立即地去中國化、和中國盡可能「田無交、水無流」的台灣獨立建國相較起來，一定比較遜色嗎？

筆者希望以上意見，能給主張制憲的獨派人士一些提醒。如果只是想作政治改革的話，是否可以把制憲這種台獨象徵性可能超過大陸當局忍耐底限的刺激作法，用修憲這種較不帶台獨象徵性卻一樣有效的方式爲之。就算是爲追求台獨故求制憲，也不必急於一時，留一些等待的時間，以避免讓兩岸關係從僵局走向破局，爲台灣帶來不可回復的災難。有些目標不管你多麼強烈渴望，但眞要實踐的話，耐心有時比勇氣更重要，這是筆者衷心的建議㉕。

類似的道理，則一樣可以反映在「正名」這個議題上。

李登輝前總統在卸任中華民國總統後，即多次在獨派場合以精神領袖之姿表示「中華民國已經不存在」，並認爲應該要「把國家『正名』爲台灣」。

先要作一點辭彙修正，所謂的正名，其實是獨派對其實質上的主張——改國號——一個美化的訴求辭彙。容筆者用改國號這個中性詞彙，來代替正名這個帶有美化與肯定意義的詞彙。

究其實言，改國號是一個中性的政治主張，假設這樣作可以增加台灣人民的福祉，支持也無妨。因此，我們要進一步問的是，改國號的目的爲何？然後檢驗一下這樣的主張，能不能達成它想要實現的目的。這又可以從靜態與動態兩個角度來分析。

分析李登輝更改國號的主張

靜態角度意指改國號本身就是目的。這也是李前總統用正名來美化其主張的用意，因爲正名也者，意指之前用的是錯名，既然原名爲誤，那當然就應該改回來，

㉕ 參拙文〈耐心比勇氣重要〉，刊於《自由時報》，二〇〇四年五月一日。

不必多此一舉地去問爲什麼要正名。對此，筆者無從分析，因爲那是立場選擇的問題，就像信仰一樣，其主張帶有神聖性，也就沒有辯論的空間。然而，這種靜態觀會導致什麼樣的結果？你說改國號是正名，是神聖使命，那麼別人也可說改國號是誤名，捍衛中華民國才是他的神聖使命。當兩個不容讓步的「神」相遇時，就沒有理性對話的空間了。明顯地，我們並不希望最後的結果是如此的。

還好，李前總統並非只是靜態的主張更改國號，他也提出理由，這就是筆者所說的動態觀，亦即另外建立一個用來檢驗其主張是否應被採納的標準。

從李前總統的相關論述中，筆者歸納其主張更改國號的主要理由有二。

第一，中華民國已失去其對全中國的代表性。李前總統認爲，目前代表中國大陸的是共產黨政府，中華民國早就失去其代表性，因此中華民國早就不存在了。對此，筆者有一些補充意見，對於「中華民國已不能代表全中國」這樣的事實認知，筆者是同意的，但從這個事實，就可以導出「中華民國不存在」的結論嗎？中間顯然少了邏輯連結。筆者認爲，一九四九年之前，中華民國代表著全中國，但國民政府遷台後，中華民國的治權範圍就僅及於台澎金馬（以下簡稱台灣），此後，新的意義僅代表台灣的中華民國一直存在至今五十餘年。今日的中華民國仍然存在於台灣。

第二，畫清台灣與中國大陸的界限。李前總統從中華民國不能代表全中國這樣的事實認知，導引出應該透過正名建立一個與中國永不相涉的台灣國的結論。筆者以爲，中華民國不代表全中國，這個事實也不能導出台灣必須與中國大陸永遠「田無交、水無流」的結論。

第三，透過更改國號，爭取國際承認。獨派主張者通常認爲，台灣之所以不被國際接受，無法拓展外交，是因爲我們以中國自居，而國際間認爲的中國是中華人民共和國，中華民國自然不被承認。因此，只要將國名更改爲台灣，就可以得到國際承認。但世界各國眞的只是單純地因爲我們叫中華民國，就拒絕承認我們嗎？

爭取國際承認三條件

要爭取國際承認，有三個條件：我們的決心、各國的態度以及中國大陸的反應。就第一點來說，改國號有展現決心的意義，倘若單靠這樣的決心展現，就能獲得國際承認，那麼從獨派的角度出發來檢驗其手段與目的的合理性，的確可以考慮改國號。但明顯地，決心並非爭取國際承認的主要條件，重點仍在於世界各國是否接受。各國會因爲台灣的國名是中華民國還是台灣共和國，而決定是否要承認台灣是獨立的國家嗎？世界多數國家所以不承認中華民國，眞正因素是基於政治與外交利益的考量，而不是我們的國家名稱。

由於中國大陸在國際政治舞台上扮演重要角色，使得世界主要國家基於現實的外交利益，對台灣的國際人格定位態度向中國大陸傾斜，亦即明示或暗示地肯定一個中國原則。在「現實外交利益」的基礎下，有什麼特別的理由、證推，可以讓我們相信，會因爲我國更改了國名而有所改變？

這時，第三項因素就浮現了，我們能否獲得國際承認，相當程度牽繫於中國大陸的反應。簡言之，如果中國大陸並不反對台灣獨立，那麼不管我們的國名是台灣還是中華民國，各國都沒有反對承認我們的理由，當事人們都沒有爭議了，其他國家何必多管閒事呢？相反地，如果中國大陸當局反對各國承認台灣，則各國在與中國交往的外交利益並未改變的情況下，不管，我們叫作台灣或中華民國，結果都會是一樣的。

什麼叫台灣獨立？

其實，台灣正名，想要實現的是台灣獨立的目標。然而，什麼叫台灣獨立呢？從現狀來看，我們有自己選出的總統、國會議員，獨立的司法系統、行政系統、立法系統，有自己的軍隊，這些不就是獨立嗎？改國號會在這些的事實之外，另外創造什麼樣新的事實呢？

最後，若更改國號可以帶給台灣人民更大的福祉，當然應該加以支持，換言之，中華民國可以不存在。但李前總統或獨派的政治人物應該更具體地告訴國人，中華民國不存在、我們改國號後，到底會給台灣人民帶來什麼利益？是失業問題會被解決？還是經濟會更加繁榮？是社會會更為和樂？還是兩岸更加融洽？單單「為正名而正名」，這個理由恐怕是不夠的！㉖

㉖ 參拙文〈改國號能贏得多少獨立空間？〉，刊於《聯合報》，二〇〇三年八月二十五日。

第九章

現實的認知

如果台灣宣布獨立而大陸動武

戰爭勝時，所得尚恐不償所失；戰爭而敗，則尤不堪矣。

——孫中山

中國大陸的人民代表大會於二〇〇五年三月十四日，以二千八百九十六票對零票通過「反分裂國家法」，引起了台灣方面的關注，特別是對該法中提及的非和平手段，引起獨派人士極大的反彈。

筆者覺得，這倒是一個好題目，讓我們來談談，如果台灣在此時此刻宣布獨立，而中國大陸也悍然動用武力時，國際社會將如何看待這個問題？這同時涉及國際法與國際政治的現實。

首先，讓筆者援引「反分裂法」第一條與第八條「借題發揮」一下。

「反分裂法」的第一條規定：「為了反對和遏制台獨分裂勢力分裂國家，促進祖國和平統一，維護台灣海峽地區和平穩定，維護國家主權和領土完整，維護中華民族的根本利益，根據憲法，制定本法。」

「反分裂法」第八條則規定：「台獨分裂勢力以任何名義、任何方式造成台灣從中國分裂出去的事實，或者發生將會導致台灣從中國分裂出去的重大事變，或者和平統一的可能性完全喪失，國家得採取非和平方式及其他必要措施，捍衛國家主權和領土完整（第一項）。依照前款規定採取非和平方式及其他必要措施，由國務院、中央軍事委員會決定和組織實施，並及時向全國人民代表大會常務委員會報告（第二項）。」

非分裂也非統一

「反分裂法」第一條，昭示了兩個重點：第一，暗示了大陸認定的台灣現狀地位，這個現狀地位就是「非分裂」但也「非統一」；第二，說明了該條的高位法源是來自於中華人民共和國的憲法。

爲什麼是「非分裂」？因爲該條的用詞是「遏制……『分裂國家』」，所以可以由此導出大陸所認定的台灣與大陸的關係，是處在「非分裂」的狀態，否則就不需要遏制，而是要消除。而這樣的「非分裂」邏輯，也見諸於第二條第二項，以及第八條的「非和平方式」的啓用條件。

爲什麼是「非統一」？因爲該條的用詞是「『促進』祖國和平統一」。如果是統一的話，那麼就不需要促進，該用的辭彙則是維持。而這「非統一」狀態的描述，在該法中可說屢見不鮮，包括第三條、第四條、第五條、第七條。

爲什麼要建立「非分裂」的描述呢？重點在於否認台灣與大陸是處在「典型的」、「傳統的」國家與國家的關係。而這樣的訴求，也在該法第三條反對外國勢力干涉、第四條神聖職責的條文中被大陸方面再次強調㉗。

聯合國憲章武力禁用原則的適用與排除

這樣的否認，即具有國際法上的意義。

依聯合國憲章第二條第四款規定：「各會員國在其國際關係上不得使用威脅或武力，或以與聯合國宗旨不符之任何其他方法，侵害任何會員國或國家之領土完整或政治獨立。」

該款雖然建立了禁止使用威脅或武力的原則，但同條第七款卻對這樣的原則創設了一項前提性排除，那就是：「本憲章不得認為授權聯合國干涉在本質上屬於任何國家國內管轄之事件，且並不要求會員國將該項事件依本憲章提請解決；但此項原則不妨礙第七章內執行辦法之適用。」㉘

換言之，中國大陸一旦對台灣動武，這時是否違反聯合國憲章的條文，關鍵並不在於第二條第二款的「威脅或武力」的絕對客觀判斷，而在於第二條第七款，這樣的威脅或武力採用是否是「本質上屬於任何國家國內管轄之事件」的相對主觀判斷。若聯合國的答案為是，則聯合國憲章的威脅武力禁用原則，就不必然能夠約束採用威脅武力的當事國（中國大陸）；若聯合國的答案為否，則才有可能有威脅武力禁止原則的規範空間。

而這時，就要去衡量，聯合國會採「是」的認定，還是採「不是」的認定。

這裡可以有很多的面向，來進行分析和討論：

面向之一，由於「反分裂法」中的第八條規範了非和平方式（包括武力使用），從客觀事實而言，雖然武力使用並未即刻發生，但廣義解，不無認定係屬「威脅」的解釋判斷空間。若然，則從實證言，聯合國至今可有反應？理由不論，答案明顯是否定的。這就可以看出聯合國對「反分裂法」的局部態度，就算不能推諸於認同「反分裂法」的結論，但至少是對「反分裂法」第八條的規定採取了「中立的傾向」，而這中立的傾向，就足以形成對台灣的不利益。

面向之二，若以最嚴重的方式來衡諸，假設中國大陸使用了第八條非和平方式中的極端手段，也就是對台灣進行武力攻擊。那麼，中國大陸有無違反「武力禁用

㉗ 第三條：「台灣問題是中國內戰的遺留問題。解決台灣問題，實現祖國統一，是中國的內部事務，不受任何外國勢力的干涉。」第四條：「完成統一祖國的大業是包括台灣同胞在內的全中國人民的神聖職責。」

㉘ 聯合國憲章中的威脅與武力禁止原則，至少有三個「例外」，一是「假例外」，也就是這裡所說的第二條第七款的「前提性排除」，亦即將國內管轄事件，以概括式的敘述排除在聯合國干涉的範圍之外，其雖不是「針對」直接第二條第四款的「威脅或武力禁用」原則而設，但間接形成了與「例外不禁止」效果相類似的規範狀態，故筆者暫將之稱為「假例外」。而除此假例外之外，尚有兩個「真例外」，一是自衛（聯合國憲章第五十一條）；一是在聯合國架構下為維護集體安全而採用武力措施（聯合國憲章第三十九條、第四十二條）。

原則」這件事，該如何成爲一個議案，進入到聯合國呢？首先，在暫時不考慮「國內管轄條款」的限制效果的情形下，台灣不是聯合國的會員國，這一點並不妨礙台灣受到「武力禁用原則」保障的資格。因爲聯合國憲章第二條第四款，所定的「違法效果」規定的是「侵害任何會員國或『國家』之領土完整或政治獨立」，換言之，不只保障會員國，也保障「國家」（非會員國）。只是若以非會員國身分受侵害，會有將受侵害情事反映至聯合國的程序障礙而已，但這樣的程序障礙，仍可藉由其他途徑向聯合國反映，例如：透過現有的二十五個邦交國，向聯合國求援，或有其他聯合國的會員國主動伸張正義，代台灣向聯合國發出籲求。

面向之三，則是回到聯合國對這最壞情況發生時，會如何判斷「是不是屬於國內管轄」事件，從結果論，會有三種情況：一是作出否的判斷；二是作出是的判斷；三是不判斷。只有第一種情況，對台灣有利，第二、第三種情況對台灣而言都是不利的。第二的情況，代表間接肯定中國大陸的出兵行爲無違聯合國憲章；第三的情況，則代表聯合國坐視、漠視中國大陸的出兵行爲。二者的效果，或有「宣示強度上」的差別，但在實際意義上卻是相同的，那就是台灣得不到聯合國的實際援助。

主權獨立國家的主張認定

這時，關鍵處就來了，台灣能不能得到「非國內管轄」事件的判斷呢？這恐怕就不是一個純粹的法律問題了。

這又可以細分兩個子面向的角度來分析。

第一個子面向，從相對觀與絕對觀的角度來分析：

兩岸問題，是不是國內管轄？不僅是獨派團體認為不是，筆者也認為不是國內管轄事務㉙。但我們這樣的「不是」認為，構不構成一種絕對的客觀判斷？答案是否定的，我們這樣的「不是」認為，只是一種相對的主觀判斷，用白話來說，就是那是我們自己這樣認為的，卻不代表別人（國）也如此認為，也不會因為我們如此認為，於是別人（國）的認為就錯了。

筆者可以說出很多我們認為「不是」的分析。從國際法的角度來看什麼是國

㉙ 筆者意見與獨派團體的差別所在，在於筆者雖一樣不認為是國內管轄事務，但並不如獨派學者因此作出的當然對立解釋，因為不是國內管轄事務，所以當然是國際（國與國）事務。筆者認為，在概念空間上，國內與國際之間，仍有一個中間帶，你可以用任何的名稱稱之都無所謂，姑且就叫「兩岸事務」亦可，既非國內事務，亦非國際事務。

家，一般都會援引一九三三年十二月二十六日「蒙特維多關於國家權利與責任公約」（the Montevideo Convention of 1933 on the Rights and Duties of States）第一條規定作說明，該條列舉了下列國家的要素：「國家作為國際法人應具有下列資格：一、固定的人群，二、確定的疆界，三、政府，四、與他國交往的能力。」從這四個條件來說，中華民國可說無一不備。此外，依照國際法承認理論的通說，係採宣示說，亦即台灣是不是一個主權獨立的國家，在國際法上並無仰賴於他國的承認。這些理論依據都足以支持「中華民國是一個主權獨立國家」的論述。

但這些堅強的理由，也並非不容駁斥的先天預斷，其終究只是一個法律詮釋的觀點而已。

中國大陸方面也提出了完全不同的觀點。限於篇幅，筆者不作深入分析，但筆者指導的政治大學碩士班研究生，對此，則將各方觀點整理成一系列的論證圖，茲經其同意，將系列圖表之其中三張圖表（圖9-1、9-2、9-3）摘錄於下㉚：

㉚ 參羅智強之〈中華民國（或台灣）國際法地位爭議之研究〉，國立政治大學法律研究所碩士論文，指導教授陳長文，二〇〇五年三月。其類似的邏輯分析圖表，尚包括「蔣介石總統時期主張中華民國擁有台灣主權的邏輯構成圖」、「蔣經國總統時期主張中華民國擁有台灣主權的邏輯構成圖」、「李登輝總統時期主張中華民國擁有台灣主權的邏輯構成圖（特殊國與國關係論提出前與提出後）」，相關圖表可參該文，本文不附。

圖 9-1 ：中華人民共和國對台灣主張權利的邏輯構成圖

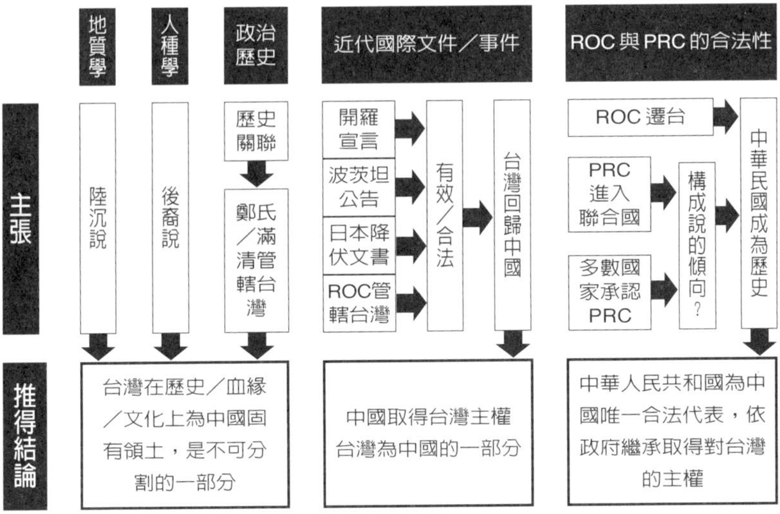

圖 9-2 ：「現狀台獨說」主張的邏輯結構

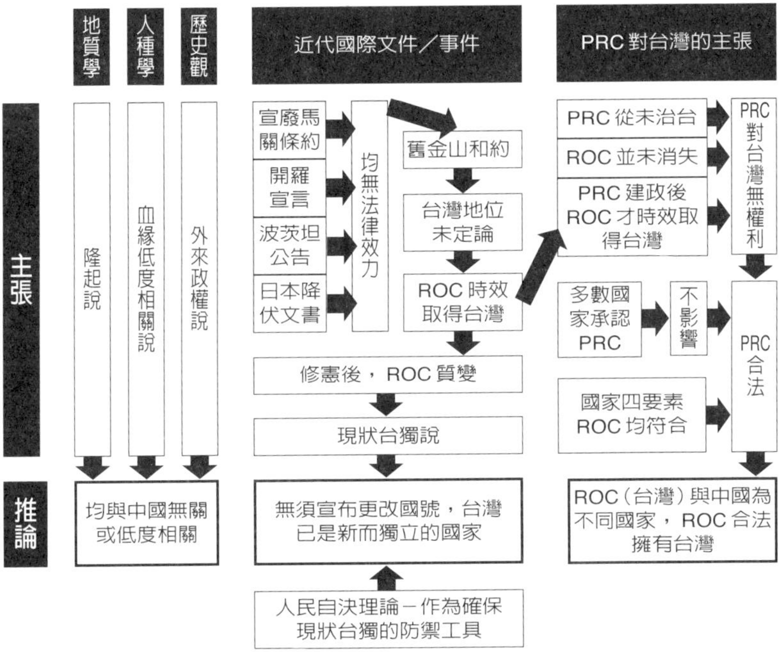

圖 9-3：「獨立建國說」主張的邏輯結構

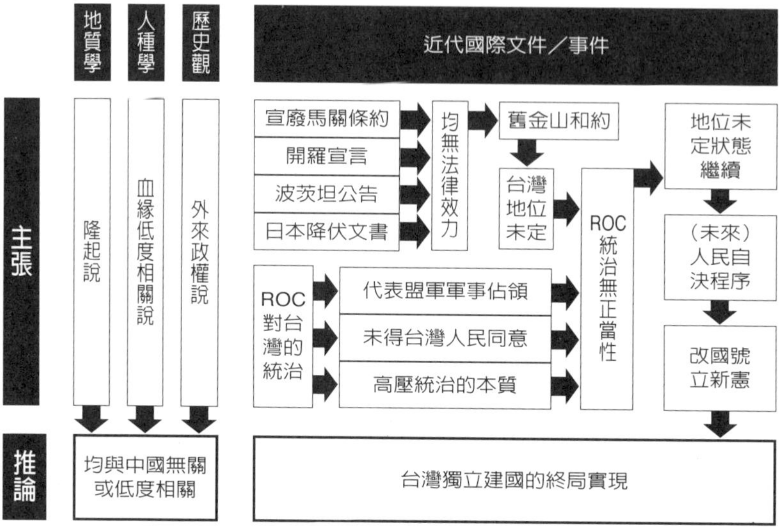

換言之，不同政治立場者，均提出了可以滿足其立場的法律解釋或歷史解釋。誰的解釋是絕對客觀的眞理，筆者不率加妄斷。但倒是可以從相對主觀來判斷，哪一種解釋，在聯合國的架構下，較有可能被接受。這又可以分成質與量的關係。在分析質量關係之前，容筆者先從相對主觀的角度，來揣度各方（國）的態度。

「兩岸事務不是國內管轄事務」的可能判斷

中國大陸與台灣的態度就不用說了，前者當然認爲，即使大陸對台灣動武，聯合國亦不能干涉，後者則恰相反。

對中華民國的邦交國來說，應該會同意「兩岸事務不是國內管轄事務」。但對中國大陸的邦交國來說，情形就會比較複雜。中國大陸與世界各國建交，多半會在其建交公報或其後補充的各項外交公報中，強調「一個中國原則」；甚至在許多外交文件上，也會要求邦交國承認舊三段論，也就是「世界上只有一個中國，中華人民共和國是中國唯一合法的代表政府，台灣是中國不可分割的一部分。」對同意這舊三段論的中共邦交國而言，幾已肯認「兩岸事務係國內管轄事務」，即便在外交文件中，或有一些和平期許，但也僅是宣示性意義的期許。至於同意一個中國原則但未同意舊三段論的中國邦交國，如美國、日本，則態度並不明確。

影響解釋角力的質與量因素

有了以上的相對分析後，就讓我們進入質與量的分析。

在質的分析上，中國大陸是安理會的常任理事國，擁有否決權，台灣方面再樂觀於自己提出的堅強「法解釋」的正當性，也不能無視中國大陸對聯合國所擁有的重大影響力。這是質的方面的影響力，台灣顯然在聯合國採取解釋時，受限於中國大陸對聯合國的質的影響力，恐怕是未佔優勢的。

表 9-1：我國邦交國的「世界比重」

世界	我國邦交國	比例
世界國家總數	我國邦交國數	佔世界比例
192	26㉜	約 14%
世界人口（2003 年）㉝	我國邦交國總人口	佔世界比例
62 億	約 9,600 萬	約 1.6%
世界陸地面積㉞	我國邦交國總面積㉟	佔世界比例
1.495 億 km^2	約 184.3 萬 km^2	約 1.2%

再從量的影響力來分析，中國大陸擁有一百六十多個邦交國，台灣則僅有二十五個邦交國。而且這二十五，還只是一個好看的數字，筆者在一次赴外交部出席座談會的機會時㉛，就曾好事地計算了一下，我們的邦交國加總起來的世界比重若何。得到了幾個不太有趣的數字（詳見表 9-1）。

從以上的圖表，我國在聯合國中的量的影響力有多大，就不言可喻了。

三個法律認識的層次

第二個子面向來看這個問題，是要從法律的三個認識層次來進行分析：法律精神、法律條文與法律解釋。

什麼叫法律精神？在筆者的認知中，法律精神就是自然法的正義化身，是任何理性人本諸良知即可獲致的判斷。

套進「反分裂法」的分析中，筆者對「反分裂法」是採反對態度的，其核心理由，就在於本諸良知、本諸自然法的正義理念，我們「原則上」應該反對任何主動性的非和平手段㊱。因此，筆者自然反對「反分裂法」中的非和平方式。

然而法律精神揭示的自然法正義，是不是一定會在現實世界中被納入實證的法律條文呢？這裡就存在了第一重的不確定。以聯合國憲章爲例，其排除「國內管轄事務」的干涉可能，對於筆者認爲的自然法正義，其實就是一定程度「不評價的放棄」。換言之，這放棄不代表聯合國容許在國內管轄中動用武力（例如掃除分裂勢力）㊲，但至少代表一種不評價。

㉛ 本人在席間發表了一篇〈零邦交國，無損我國主權獨立——不要再進行無意義的邦交賄買了！〉

㉜ 二十六國，為截止二〇〇五年五月十八日，諾魯與我國復交後，外交部公布之我國邦交國數。

㉝ 數據請參人口世界網站：http://www.popinfo.gov.cn/

㉞ 數據請參世界地理頻道：http://www.21page.net/world_geography/countrylist6.asp

㉟ 我國邦交國總人口與總面積計算數據，係按自世界地理頻道（網址同上）一九九八年數據，概略統計加總。

㊱ 為什麼是原則上？因為在前文注釋曾提及的兩個「真例外」的狀況下：自衛與集體安全。動用武力，在筆者的價值判斷中，難謂違反正義。

㊲ 雖然國際人權法中的若干約束，在聯合國不干涉國內管轄的前提性排除，仍可發生對各國定位的「國內管轄」的間接約束效果，但終究是「間接的」，而非直接的對「武力使用」產生限制。

這使得，台灣原則上要通過非國內管轄的檢驗，才能獲致聯合國憲章中武力禁止使用原則的積極保障的「可能性」㊳。

而更重要的第二重不確定，則是來自於法律解釋的不確定。透過不同的法律解釋，會形成各當事者（國）之間各說各話的混亂局面。而政治力往往會成爲這一種解釋被採用的主要標準，即使很無奈，那種強權式的法律解釋，依然嚴重違背了自然法的正義精神。

美攻伊的法律解釋

以美國攻打伊拉克爲例，雖然筆者從聯合國憲章的武力禁用原則作法律條文的分析，指陳出美國的軍事行爲是直接違反聯合國憲章的。但出兵的美國與英國，卻仍提出法律解釋，認爲其攻伊行動是符合聯合國憲章的，並宣稱其行動合法，主要在於美國認爲安理會的第六七八、六八七及一四四一號決議已提供美國出兵伊拉克的合法基礎㊴。

然而，若仔細追究不難發現，第六七八號決議的核心是要求當時入侵科威特的伊拉克軍隊遵守安理會第六六〇號以降之諸決議，主要內容係要求伊拉克撤離科威特，實難解作十年後美國再次出兵伊拉克的依據。

第六八七號決議，則係將伊拉克置諸聯合國的武檢監控下，禁止伊拉克製造或保有生化、核子、彈道飛彈等毀滅性武器。既已移諸聯合國監管，則當然解除了對美國的軍事授權，除非聯合國有新的授權，否則以第六八七號作爲軍事行動的合法基礎太過牽強。

第一四四一號決議，雖然譴責並確認了伊拉克持續違反第六八七號決議，但該決議中所決定的最強烈要求，亦僅是強調「給予最後機會遵守第六八七號決議」以及提醒伊拉克「若持續違反將遭到嚴重後果」。決議中並未明文授權任何國家對伊拉克採取軍事行動。

因此美國所引三項決議文，根本無法構成合於「聯合國架構下的集體防衛措施」而動武的條件。但美國還是出兵了，甚至軍事行動成功後，迄今也沒找到得以支持當初出兵的理由——伊拉克擁有毀滅性武器——的證據。

這是一種遺憾，美國以強權爲法律解釋的實力背景，扭曲了法律的正義精神㊵。

更令人遺憾的，其實是我國政府的態度，在第一時間站出來無條件支持美國的

㊳ 要強調的是，這還只是「可能性」而已，以美國違反聯合國憲章攻打伊立克為例，聯合國即並未在攻伊問題上，讓這個「可能性」成為制裁美國的「現實」。

㊴ 二〇〇三年三月十七日美國總統布希談話。

㊵ 關於美攻伊的法律問題，可參拙文〈美攻伊，犧牲了國際法〉，刊於《聯合報》，二〇〇三年三月二十四日。

軍事行動。在這裡，我國政府選擇了雙重標準，這對自身立場的傷害是明顯而重大的。也就是我們用我們對自然法正義的信仰，抗拒中國大陸以強權為後盾的法律解釋，卻支持美國用違反自然法正義精神，乃至於實證法（聯合國憲章）的實定條文，以強權為後盾的法律解釋。承認強權高於法律，又如何在自己面對強權威脅時，要求法律要站出來高於強權呢？

遲來的制裁何益？

接著，筆者倒是想細分五個層次的問句，來再一次檢視「反分裂法」第八條所引起的國際法問題，我們該用什麼態度與角度，完整地去認識。

第一個問題是：法律（國際法）規範存在嗎？

第二個問題是：法律（國際法）規範的違反存在嗎？

第三個問題是：法律（國際法）規範的違反的制裁存在嗎？

第四個問題是：法律（國際法）規範的違反的制裁若存，是什麼？

第五個問題是：這些「若存的」法律（國際法）規範的違反的制裁，對台灣有什麼幫助？

第一個問題，原則上可以是肯定的，規範就在聯合國憲章的第二條第四款。第二個問題，則就存有爭議了，爭議在於聯合國憲章第二條第七款的「國內管轄事務」是什麼？兩岸間的問題算不算？這兩個問題，前面的論述中均有觸及，不再重複。

第三個問題，筆者則舉了美國攻打伊拉克的國際實踐，這個實例也使得制裁是否在「現實上存在」存有很大的問號，這一點前文也已分析過了。

就算台灣通過了第一至第三個問題的檢驗，規範存在、規範違反存在（大陸武力犯台、兩岸問題不屬國內管轄事務）、規範違反的制裁存在，下一個台灣要自問的是，那違反的制裁會是什麼？

假設大陸對台動武，我們等到的國際社會對中國大陸的制裁會是：在一個中國大陸擁有否決權的聯合國安理會中，作出了「出兵保護台灣」或「維和」的動武決議？還是聯合國大會通過的一個對中國大陸船過水無痕的「口頭譴責」呢？

平心而論，放諸現在尚不完全進步的國際角力現實，等到哪一種制裁的可能性比較大呢？

國父孫中山先生曾在〈中國存亡問題〉㊶第一章中言道：「戰爭勝時，所得尚恐不償所失；戰爭而敗，則尤不堪矣。」所言誠哉！一語中的！

國際的制裁即便發動，台灣或勝或敗，均已是焦土一片，這些遲來的制裁，又有何實益呢？㊷

在這一章的分析中，筆者要作出的小結論是，我們可以不高興「反分裂法」的制定，也可以倡言反對其中我們不認同的部分，特別是第八條的非和平方式規定。但也應該同時客觀地認知，對國際法本身規範解決的侷限性，以及這中間涉及爭議的複雜性，將更加深國際法的侷限，以及增加了強權透過「力」的操作，扭曲法的精神的空間。

㊶ 轉引自傅啓學《中國外交史》，台灣商務印書館，頁七一八。

㊷ 參拙文〈政府應窮盡一切避戰〉，刊於《聯合報》，二〇〇四年八月十一日。

第十章

權宜的誠信

縱容政治領袖的獨派矛盾

他們的英雄地位本肇基於支持者對其欺騙的容忍，當這些「英雄」用同樣的方法欺騙自己時，該怪那些「英雄」多些？還是要怪自己多些？

二〇〇五年二月扁宋會達成了十點共識，不令人意外地引起了泛綠陣營內部的極大反彈，而反彈的主因，在於獨派、台聯及李登輝前總統有被陳總統欺騙的感覺。這是一個很特別的感覺，因爲向來都是泛藍陣營的政治人物質疑陳總統經常反覆不一的言行，認爲陳總統的誠信有疑；這次的情形卻顚倒過來。而這樣的顚倒，我覺得正點出了獨派團體在推動台灣獨立運動的最大隱憂。

陳總統的無信困局

考諸陳總統過去的政治發言，常常有今不對昨、昨不對今，因人因事因場合的選擇性發言，讓不少人有茫然之感，要把陳總統的話當眞呢？還是當他沒說過？就如同總統大選前陳總統許諾台獨支持者台灣要制憲，選後卻變成了修憲。把前者當眞，那陳總統豈非在騙修憲派支持者的票嗎？若把後者當眞，陳總統置台獨支持者於何地呢？其他如四不一沒有、一邊一國論等等，陳總統說了多少前後矛盾的話呢？

事實上，陳總統任內，也常常會有對兩岸關係改善、平復族群裂痕提出建設性發言，究其發言的內容，均可鏗鏘擲地。但問題並不在於陳總統的提議多有建設性，關鍵在於陳總統心中，到底有沒有把從他口中說出的建設性意見當眞，付諸行動去落實，亦即陳總統是如何檢視自己的誠信。失了誠信，如何確認陳總統關於特定政策的提出是認眞還是說假？

這無信困局使得陳總統的話，長期以來，別說美國、中共、在野黨均不信，事實上恐怕連執政黨自己也不信，否則，又如何解釋陳總統一面高唱兩岸善意、族群和解，而其所圈定的政府官員卻大吶中國爲敵國，闊步進行去中國化的教育文化工程？又爲何陳總統口稱孫中山是國父以及台灣地位已定，身爲其僚屬的政府官員卻又忙於否定國父，申言台灣地位未定？

當然，苛責陳總統無信也未盡公道，對陳總統來說，前人的「好榜樣」可能構成了學習誘因。使陳總統誤以爲無信也不是壞事。

猶記得李登輝前總統在任內喊過上百次反台獨，今日卻成爲台獨教父，這豈非無信至極的表現嗎？但從個人政治利益的攫獲與維持的角度言，李前總統是一個成功者。爲什麼一個失信無誠的極致者，竟也是政治獲益的極致者？因爲，對李前總統及其獨派的支持者而言，對誠信有不同解讀。

對台獨支持者而言，當欺騙被視爲實踐台獨的工具時，所謂誠信，只是腐儒之迂。支持者自有「台獨雷達」可以精確搜索李前總統的內心眞意，即便李前總統口中喊著中華民國萬歲，其支持者也會相視一笑：「總統只是作樣子，騙騙那些腐儒而已。」

但對包括我在內，視誠信爲當然的「腐儒」來說，李前總統都喊了百次反台獨，豈有不信之理？當李前總統覺得時機成熟，揭露本意時，失落、不解的情緒即會在這群「腐儒」的心中醞釀。但這大概只能換來「自甘受愚，你奈我何」的揶諷！因爲李前總統已要到他所需求的政治利益，且向來敵我分明的李前總統只怕還會對被騙者的失落，額手稱慶。

也許這面面皆贏的成功經驗，讓陳總統心動吧！然而人可傻一次，卻難傻一世。同樣的騙術，對陳總統來說，功效大概只剩四分之一。在野支持者不再受騙，大陸根本不聽陳總統任何話，美國也開始懷疑。只有死忠支持者，仍會用「綠色雷達」判斷陳總統何時說眞、何時說假，甚至認爲陳總統的欺騙並非欺騙，而是忠於台獨理想的實質誠信。

這種權宜式誠信對社會的破壞力是極爲可觀的，透過居上者風行草偃的教化力量，也將使得全體人民漸漸地把言行一致視爲一種腐儒迂愚，使得謊言、欺矇反成了時代標準。若然，我們何必抱怨詐欺電話、簡訊泛濫到幾乎變成了台灣人民生活中的一部分呢？總統都可以在廟堂之上公然地言非由衷、反覆無常了，怙惡之徒在市井中薄施騙計，又何怪之有？

只是，我們得反過來想想，這眞是我們要的社會嗎？人無信不立，何況於國？說得更明白一些，如果獨派因此「獨」了一個「無信之國」，這樣的獨立建國似乎也沒什麼値得驕傲之處。

最近筆者即收到一篇談及教育的文章，該文臚列了許多教育亂象，其中一例指出，竟有孩子說他最羡慕劉偉杰，因爲他污走三十億，可以享盡榮華。這讓筆者覺得很難過，金錢損失筆者可以「身外之物」解嘲，但劉君誤行，竟成爲豔羡對象，這就讓筆者無法不去深思，我們的社會是否眞的是病了，這代表社會面臨價值崩圮的危機，而這樣的崩圮正是源於連續兩位國家元首不重誠信，長達十數年的「教化」所致，使師長父母在教育孩子時失卻了可以誨訓學子的優範，也讓類似劉君的誤行竟成豔羨的樣板㊸。

正名不等於改國號

接著，讓我們把問題拉回二〇〇五年二月扁宋會達成了令獨派人士不滿意的十點共識而反彈的情形上。

從扁宋會本身的意義來說，我覺得若陳總統是自發、獨立地去推動與落實這些所謂的共識，會比透過扁宋會來達成更有意義。因爲，那其中許多的主張本就是泛

㊸ 參拙文〈權宜式誠信，教育新典範?〉，刊於《聯合報》，二〇〇五年十一月十五日。

藍的主張，既是泛藍的主張，在立法院的層次中，就不用擔心會被阻擋。換言之，這些共識最大的障礙並不存於外部（國民黨、親民黨反對），而是存在於內部（民進黨、台聯黨的反對）。這時，陳總統應該先試著整合泛綠陣營的內部意見，透過由內而外的方式，一方面在民進黨內部試著說服不同意見者，另一方面也試著先告知友黨（台聯、獨派團體）自己的想法，盡到溝通、討論與告知的義務。否則，在泛綠本身對所謂的共識有所懷疑的情況下，以陳總統過去的抗壓性紀錄，這些共識能堅持多久，變數只怕不少。

特別是陳總統正面地說出正名不等於改國號，不再消極性地創造讓獨派人士產生遐想的辭彙空間，這一點雖值肯定，但長久以來，獨派主張的正名就是改國號，而陳總統在獨派場合總是高聲力挺正名，的確讓人很難不合理聯想陳總統支持的就是改國號。

而今天，陳總統拋棄了文字遊戲的模糊空間，斷然地申言，他支持的正名不是改國號，可說是一種「誠信進步」，雖然這樣的誠信，從獨派的觀點來看，是建立在對獨派一定程度的消極性欺騙上的。是以，在任期只剩三年、獨派已付出偌大的相信後才做這樣的宣示，陳總統難謂無過。倘若五年前，陳總統就能貫徹他所說的四不一沒有，也不去誤導獨派對他產生錯誤的浪漫想像，並以其台灣之子光環，深得泛綠人民信任好背景，高聲望去說服獨派的支持者放手讓他闊步改善兩岸關係，那麼透過五年的執政，陳總統不但能成功消弭台灣內部族群撕裂，也必然是兩岸關係最成功的破冰者。而在內部團結且與大陸合作的大環境下，人才鼎盛、資金、技術充沛的台灣，結合大陸優勢的勞力、原物料與市場後，一定可以交出更漂亮的施政成績單，讓台灣的經濟更上層樓。

欺人者，人恆欺之

猶記得，在二〇〇〇年陳水扁先生第一次參選總統時，在朋友的安排下，我和陳總統有過一次面談。當時我即直接地向還是總統候選人的陳水扁先生表示，如果陳水扁先生順利當選中華民國總統，那麼他就等於站在歷史的關鍵點上，希望他能夠把握時機，闊步改善被李前總統延滯十年的兩岸關係，在歷史上留下顯赫成就，而不要只成爲一個歷史上的過渡人物。

可惜的是，以陳總統過去五年的執政成績衡論，他在兩岸關係上留下的，只有過渡式的空白，甚至倒退。所幸，陳總統還有三年，想作事總是不嫌晚，全力以赴，三年還是可以留下很好的成績。

惟暫時放下這些歷史留名的討論，陳總統一直曖昧給予獨派人士對推動台灣獨立的浪漫想像，五年後，才承認那是自欺欺人，獨派人士會覺得受騙、受傷，是不難理解的。

然而，換個角度來說，部分獨派人士對陳總統的攻詰、批判，有些部分也不太容易讓人信服，特別是李前總統與其所領導的台聯對陳總統的質疑，實讓人有昨是今非之感。誠如本章前半部所論，李前總統恐怕忘了他在任內喊過上百次的反台獨，而今卻儼然成爲台獨教父、被獨派人士奉爲精神領袖之大矛盾。部分獨派人士既能縱容李前總統天壤之別的反覆，不去追究李前總統用欺騙的手法騙取與其立場不同的人的選票、支持，又有什麼立場去指責陳總統欺騙他們的感情？欺人者，人恆欺之，不是嗎？

而這正點出了台灣獨立運動的政治過程中最大的矛盾，亦即同樣是欺騙，在自己叫「權宜」，在他人則是「無信」。陳總統、李前總統都在這種崇奉「權宜式誠信」的放縱下，被捧成了「英雄」。他們的英雄地位本肇基於支持者對其欺騙的容忍，當這些「英雄」用同樣的方法欺騙自己時，該怪那些「英雄」多些？還是要怪自己多些？

探究許文龍立場轉變

另外一個例子，則是素來被視爲獨派精神領袖之一的奇美董事長許文龍，在二

○○五年獨派團體舉行三二六大遊行，抗議大陸方面通過「反分裂法」的前夕，發表了令獨派「錯愕卻包容」的談話。其實，相較於許文龍的立場改變，我反而覺得，獨派對許文龍的不責難，其實正點出了獨派本身最該被責難之處。

筆者從不在意自己被歸類爲統派，即使統派這兩個字在台灣已被污名化得有些沉重，但是筆者站在統派的立場看統獨，也仍對獨派中的許多運動家、理論家表示尊敬。例如，筆者對林濁水先生的獨派觀點，會給予理性讚許，因爲他的確言之成理，很多地方，即使我是統派，也能被說服；而對彭明敏先生，則是感性讚許，因爲我雖不太同意他的許多論說，但對他數十年如一日地推動台灣獨立的理想，也必須表示欽服。

然而，這正是獨派最大的問題，因爲在台灣領導獨派的政治領袖，既非如林濁水一般的理性理論家，也非如彭明敏一般的感性理想家，而是許多可以昨是今非或昨非今是的權宜型政客。

就以許文龍先生的例子來說。許文龍的獨派立場，竟能在一夕之間轉變，這讓筆者不太理解。因爲，這代表了幾個問題。

首先，如果許先生今天所言者爲眞心，代表一種看清形勢後的立場修正，那麼許先生不能只是表態支持「反分裂法」以及發表親中的言論，而應該交代他爲什麼轉變立場，一方面，對眾多冀期於他的獨派支持者而言，他有提出解釋的道義義務；另一方面，爲了公眾的福祉，他更應該透過他在台獨立場上發生重大轉折的心路歷程，告訴大家他的轉變，代表過去十多年來執政者採用的對抗模式已走不下去了，不管從國際情勢或經濟大環境來看，我們必須改採其他方式，與大陸交融與交流。然而，在許先生的談話中，卻看不到這些他該作的解釋。

倘若，許先生是受到中國大陸的壓力，打壓其在大陸已投入的投資而被迫「他白」，那麼許先生的作爲就不甚足取了。那表示，獨立建國的「神聖理想」竟擋不住一紙人民幣。而李登輝前總統對許先生的寬容更顯得理曲氣竭，李認爲許是爲了照顧奇美同仁才被迫他白。但他白眞的是許先生唯一的選擇嗎？事實上，許先生可以透過全數出清手上的奇美持股，不僅在形式上（卸除董事長），也在實質上切斷他與奇美的一切關係，然後由繼任者（找一個眞心認同「反分裂法」的董事長或總經理）去宣讀那一段他白，也一樣可以拋去奇美的政治屬性，避免大陸的打壓。

雖然許先生本人可能會因此遭受重大的財務損失，但一則他可保護奇美員工與股東不再受大陸無理的政治干擾，同時又可堅守其台獨理想而贏得更多尊敬。以保護員工爲由，只能說是被迫他白的卸詞。因爲，究其實，那只代表當事人向人民幣低了頭。

這正是獨派的困境，獨派在多年來的政治運動過程中，展現出一種只問心中眞意卻不論言行反背的價值標準。對其支持的政治人物，只要先作好敵我判別，認定他是自己人之後，即使如在任內喊過上百次「反台獨」的李前總統，一樣可以登高成爲台獨教父。在這些被簇擁的政治領袖身上，完全不會被支持者檢視其誠信與操守。

然而，這就是最根本的問題了，既然他昨天可以說謊騙了統派，他又爲什麼不會在明天說謊騙了獨派呢？獨派到底是用什麼樣的標準去判定許文龍的發言，究竟是假虛的他白，還是眞心的自白呢？就如同李登輝總統的反台獨愚弄了統派，獨派可以額手稱慶時，那麼扁宋會的十點共識，獨派又有什麼立場去責備陳總統的背叛呢？

獨派的最大困境

過去，獨派的權宜式誠信或能被體諒，因爲在國民黨的威權統治之下，政治上的台獨表態可能帶來的就是殺身之禍。然而，現在包括李前總統在內的獨派政治人物，都已執政十幾年了，那樣的困境早就不復存在，還有什麼道理可以對政治上言行不一？以前要用犧牲生命表態台獨理想，或謂難人；但現在要政治領袖「犧牲鈔票」來堅持台獨理想，這竟然都做不到嗎？

如果，連穩定的誠信都不能維持，「台灣獨立」的理想又如何立足？縱容領導者的無常反覆，過度迷信權謀的操作，這正是獨派最大的困境。

筆者從來不相信必要之惡的邏輯，手段不正當的人，如何期待他的目的是正當的？其實，獨派中也不乏理念一貫理想家，如彭明敏先生即是，筆者雖不認同彭先生的主張，但卻推崇他的眞誠堅持。如果，今天獨派的領袖是彭先生，也許就沒有那麼多誰欺騙誰的爭執存在。

人無信不立，政無信不行。沒了眞誠，所有的承諾、口號、共識，我們如何判斷那不會又是一次權力算計下的政治戲？這或許是獨派人士在推動台灣獨立運動的同時，第一件要反思的事情。

第十一章

因信心而體諒

不應混淆「反對台獨」與「體諒台獨」

不管自己的情感取向如何，既然沒有人的情感取向高過他人，這時，一個文明社會的成員，就不應該把公共議題訴諸情緒，而應該用理性辯論的方式去說服，或者被說服。

由於我贊成兩岸在未來有條件的統合（觀望統，詳見第五章），因此，對於統派的主張、意見，在實質內容上，除了反對當下不成熟的立即統一外，大體上並沒有太多內容上的不同意見。然而我對部分統派人士看待台獨主張的態度，卻是不表苟同。

筆者所以自視爲有條件的未來統派，一是因爲筆者對台灣、對中國同時有著濃厚的感情，二是因爲筆者相信，對台灣人民而言，兩岸未來走向統合融和會比走向分裂對立，利大於弊。爲此，我可以自信地反對但體諒台獨。因爲前者是一種對自我信念的展現，後者是一種對他人選擇的尊重，不混淆兩者，正是民主社會的基本素養。

訴諸理性論統獨

爲何筆者對兩岸統合有信心？這點後文將會談及，在這裡我只點出一點。試想，若有一天，大陸和台灣一樣有一個透過競爭性民主機制選出來的總統與國會，大陸人民和台灣人民一樣，擁有相同的經濟生活水平，這時台灣支持獨立、反對統一的聲音一定是小得多的。

如果我們對自己的意見有信心，就不必用不理性、仇恨式的情緒，把主張獨立的人扣成漢奸，因為我相信，用我的立場去和獨派人士辯論是不會輸的。甚至，如果我眞的辯輸了，那也很好，代表獨派有道理，我自該欣然接受。事實上，我一直認為，不管自己的情感取向如何，既然沒有人的情感取向高過他人，這時，一個文明社會的成員，就不應該把公共議題訴諸情緒，而應該用理性辯論的方式去說服，或者被說服。

換言之，我們應該用更深層、更包容的觀點去思索一切兩岸的分合安排：即令追求統一，對於不合理的統一條件，仍然要向大陸當局說不。同樣地，台灣獨立也不應藉煽動仇中來實現，應該試圖以道理說服對岸，台灣獨立並不傷害中國大陸的國家利益或台灣和中國的情感，讓對岸瞭解，即使是不同國家，但不因此暫斷兩岸歷史與血緣的關聯，兩岸仍可共同為區域的繁榮與進步奉獻心力。畢竟，就算要台獨，也會希望身旁的一個偌大國家，會是朋友，而非敵人。

同樣地，統派也要給自己一個功課，用信心告訴自己，也告訴台獨主張者，兩岸未來走向統一是件好事。在適合的條件下，兩岸成為一家人，人盡其才，物盡其用，貨暢其流，往來通返，一無不便，不是很好嗎？

台灣今日之亂，正是導源於失去了體諒，獨對統不體諒，統也對獨不體諒，但誰有資格對誰不體諒？我們都是生長在台灣這塊土地上的手足同胞，統獨的選擇有大到要撕裂彼此情感嗎？統派人士要主張反台獨、主張兩岸統合，依靠的應該是大方體諒的信念，不是仇恨與不寬容。

上面的意見，我曾整理成一篇文章，發表在《聯合報》㊹。然而很有趣的是，很快地就有讀者投書認為：「不可以『體諒』台獨。」這位讀者引了一位台獨主張者的意見，其大體上是認為為了台獨，死多少人都無所謂。讀者認為，這種死多少人都無所謂的主張，怎能體諒？

首先，就如同部分獨派人士很喜歡把反對台獨者等化成投降主義、中共同路人一般，以一位台獨主張者的意見為典例，而暗示性地擴及所有的台獨主張者均是主張犧牲人命在所不惜的激進主義者，只怕也有偏全之謬。

就算台獨主張者均激進如該文所指，則我的答案仍是，我們還是應該要體諒他們，因為體諒是一個理性人在反對一件事情時，該當給自己的功課。如果有人根本不認同人應理性這個論述前提，自當別論。

假設的同情，真誠的體諒

在第一章中，我即引了英國哲學家羅素的話：「在我們批判別人之前，先要有一種『假設的同情』。」而這所謂「假設的同情」，就是體諒。不管對方的意見看起來是如何的荒謬，先去體會理諒對方為什麼會這麼想，然後，再去告訴他，他這麼想是不對的（反對）。

讓我用一個更明白的例子來說明。假設有人認爲台灣應該立刻無條件與中國大陸統一，不論如何反對這樣的意見，當要對之提出批判時，都應該給自己一個功課，那就是先假設自己也贊成這樣的意見，然後想想這樣的意見到底有什麼好處值得支持。當想清楚這個意見該被支持的理由後，這時才反過來用批判自己的那種謙虛態度，把這個意見的壞處一一臚列出來，這時，再進一步把這個意見的好處與壞處作一個對比，最後，把對比的結果轉化成心中對這個意見究竟該採支持或反對的一種決定。同樣地，對於不惜以戰爭爲代價，犧牲無數人命在所不惜也要立刻宣布台灣獨立的意見，反對者也應該用同樣的溫和方式去進行分剖，再下決定。

就如同該文中所引的激進台獨觀，對自己主張有信心的統派人士，應該要告訴他，我可以理解你希圖實踐台獨的想望，但你沒有權利把別人的生命當成實踐你的理想的祭品。

而事實上，這也是筆者對若干政治人物，特別是李登輝前總統以及許多台獨耆老們在台獨主張上，甚感沉重的原因。台獨或許眞的是李前總統等耆長們夢寐以求

㊹ 參拙文〈反對台獨是展現自我信念，體諒台獨是尊重他人選擇〉，刊於《聯合報》，二〇〇四年十二月一日。

的想望，且對高享遐齡的他們而言，台獨也不可能爲他們帶來什麼苦難與悲慘代價。是以在其有生之年，若能爲台獨搏之一試，眞會覺得了無所憾。然而，對其他春秋鼎盛的青年人、對牙牙學語的嬰孩們，怎能忍心拿這些正在展揚青春的無辜生命，作爲自己畢生夢尋的安魂曲？

爲什麼筆者這麼堅持要體諒呢？因爲要是沒了體諒，就會有該位讀者所稱那樣的激進台獨的觀點出現，才會有李前總統那樣的想法出現。而不體諒，從不會因爲「另一個不體諒」而消失的。你的不體諒，只會讓別人的不體諒看起來更有理由。畢竟，你都可以不體諒我，那我何必管你的死活呢？

第十二章

互動的同理心

波多黎各公投的啓示

何時中國大陸當局，有那種「台灣要加入成為中國的一員，可以，但得等我們的人民代表大會通過才行」的堅強信心時，那才是兩岸統一水到渠成的成熟時候。

本章，是把中國大陸的人民與政府當成對象來提出我的建議。在開始之前，有一件事要先說明，我是在大陸出生，在台灣長大，我深愛著台灣，任何和我一樣生長在台灣五十多年的人，相信和我會有同樣的心境；但我也同時對中國的歷史文化與同胞抱持著濃郁情感，因爲那是我的血緣根脈，所以我盼望兩岸能夠和平共榮，互相爲彼此帶來和平、進步與幸福。這樣的心情，是我提出可能不太中聽的建言的心情前提。

本章論述的中心，是希望給中國大陸當局一些處理兩岸問題的建議與分析。而其中最重要的就是化被動爲主動，去敵意而存善意，在兩岸間打造一個善意循環，然而這樣的善意循環，實際上有兩個閘口要打開，一是台灣方面要在兩岸問題上保持對大陸的善意（這是我對台灣方面的主政者，一直在提倡與強調的），另外，大陸方面也同樣應該建立一個處理兩岸問題的善意模式。畢竟，單一方的善意，是無法造就一個善意的結果。

波多黎各「統一公投」的啓示

一九九八年，美國的自治屬地波多黎各舉行了一場加入美國成爲其第五十一州的「統一公投」，在這場公民投票之中，一個主要的選項是「爭取美國國會支持讓波多黎各成爲美國第五十一州」。公投的結果，只有百分之四十六點二的波多黎各選民支持成爲美國第五十一州，但大多數參與投票的波多黎各人民仍舊選擇了維持現狀。

這個統一公投，其實可以給關心兩岸關係統獨問題的政治領袖和人民一些很好的啓示。

首先，我們可以發現，公投選票上所設計的主要統一選項，用詞是「爭取美國國會支持讓波多黎各成爲美國第五十一州」，而不是「波多黎各加入美國成爲其第五十一州」。前者多了「爭取美國國會」這段文字，使其成爲一種互動性的詞彙，而後者用的是一種片面性的詞彙。

這「互動性」的思惟，不僅在波多黎各的統一公投議題文字設計中出現，無獨有偶的，在一九九五年加拿大魁北克省舉行「獨立公投」時，用的也是互動性的詞彙設計，其選票上的文字是「魁北克正式向加拿大建議，希望在尊重魁北克前途的法案框架內，和不逾越一九九五年六月十二日協定的原則下，成爲加拿大的新政經夥伴，在此情況下，你贊成魁北克獨立嗎？」

明顯地，波多黎各在其統一公投中，並不忘將美國的立場考慮進來，魁北克也沒有忘記，在其想推動加拿大聯邦政府所不樂見的獨立方案時，也應將加拿大的立場思考進來。

兩岸僵局少了互動性思惟

兩岸在統獨問題的思考上，之所以很容易陷入僵局，最重要的原因之一，就是缺少了這種互動性的思惟，兩岸雙方在思考統獨問題時，都只想著我要什麼，卻很少去想到對方。事實上，對台灣而言，思考統獨問題是不可能在缺乏對大陸的統獨態度有所理解的狀況下進行的；相反地，大陸也不可能在缺乏對台灣的統獨態度有所理解的情況下，進行任何成熟的、有可行性的統獨思考。

其實，波多黎各的統一公投其語句設計是頗值討論的，「爭取美國國會支持讓波多黎各成爲美國第五十一州」，意涵著兩個動作：一是波多黎各自身對加入美國成爲其一州的決定，另一則是，等待美國國會接納其決定。也就是說，並不是波多黎各想加入就可以加入的，還得美國國會點頭，願意接納波多黎各成爲其第五十一州才行。

事實上，美國本身對於波多黎各的加入，也不是沒有反對聲音。在波多黎各舉行上述公投的同年三月，美國眾議院通過一項法案，允許波多黎各舉行公投，同時同意和波多黎各合作，幫助其加入美國，該項被認爲視同支持波多黎各加入美國的法案，在歷經十一個小時的激辯後，以兩百零九票贊成，兩百零八票反對，僅僅一票之差過關。惟眾院好不容易通過的這項法案，仍遭參議院的擱置。

從這裡可以看出一個有趣的現象，美國的確算得上是一個對其自身國力有高度信心的國家，不是你想加入美國成爲其一員，就可以加入的，還得美國同意你加入才行，這也可以提供中國大陸政府在思考中國統一問題的一個重要參考。事實上，信心才是實現統一的最大保證，而不是軍事武力。這實在是個淺顯的道理，如果中國大陸對自己未來的政治發展、經濟發展有足夠的信心，那麼就和美國一樣，根本不需要擔心台灣要不要、會不會加入成爲其一員。事實上，台灣想加入，中國大陸還得考慮呢！也就是說，何時中國大陸當局有那種「台灣要加入成爲中國的一員，可以，但得等我們的人民代表大會通過才行」的堅強信心時，那才是兩岸統一水到渠成的成熟時候。

第十三章

信心、耐心與善意

等待中國統一的成熟時機

如果大陸方面真的把兩岸統一當作使命，那麼就該知道兩岸統一非善意不為功，而所謂善意就是建立在同理的體貼與關懷之上，去思考台灣人民要什麼，在台灣人民困難的時候，去提供台灣人民需要的幫助。

由於一些歷史的因緣際會，台灣在追求政治民主與經濟自由的道路上，比中國大陸起步的早，使得在此時此刻，中國大陸不論在政治制度上和經濟發展上，從台灣觀點來說，在成熟度上台灣都還保持一定的領先（當然，這是建立在民主政治與市場經濟是較好制度的「假設」上）。

然而，中國大陸近年來快速蓬勃的發展，是大家有目共睹的，整體趨勢上，其經濟水平是和台灣拉近中。因此，對中國大陸而言，如果兩岸統一是一種衷心的期待，那麼中國大陸所差的條件只有一個，就是「時間」，這點是筆者有信心的，也是中國大陸領導人以及人民應該要有信心的。只不過在時間這個條件尚未成熟之前，中國大陸的領導人與人民要保持更多的耐心去等待，以及運用更成熟的智慧去營造和諧的兩岸關係。

只強調「我要什麼」的思惟盲點

可惜的是，在這一點上，我個人認爲，中國大陸當局的思惟與作法有很多待改進的地方。大陸當局在對台工作的個案行動上，似乎仍保持著「只想到我要什麼」的片面思惟（這點台灣方面的領導人也常常出現類似的思惟），卻很少將「台灣人民想要什麼」放入決策的思考中，因此常會有一些傷害兩岸人民感情的舉措，說得嚴重一點，我有時不禁懷疑，中國大陸到底是在促進兩岸統一，還是在幫助台灣獨立？

特別是大陸當局對台灣諸多內部政治的一些發言（例如把台灣的公投立法等同於台獨），以及把壓縮台灣的國際舞台，當作是對台工作的重心，這些作法，我必須說，其實常常適得其反，也是台灣內部出現統消獨長趨勢的原因之一。

捉得到老鼠的是好貓？

接下來的第二點，我們要談的是，如果這些打壓反制，眞的有助於實現中國統一的話，也就罷了，套用鄧小平先生的一句名言：「不管是黑貓白貓，捉得到老鼠的就是好貓。」只要有助於目的的實踐，總仍是好工具。但筆者認爲，這樣的壓制在工具面上也是不正確的，也就是說，反而有害於其「中國統一」的目標實踐。

何以言之？以二〇〇四年總統大選前，中國大陸政府表態反對台灣的公投立法爲例，台灣眞的會因爲大陸反對，就會不讓公投法案通過嗎？人類的心態有時是很奇怪的，別人愈反對我們作什麼，反而愈會激起一種要展現自己的「心智自由」的情緒，就愈是會想讓別人不想要我們通過的東西通過。這種民粹的氣氛，是一種人性之常（大家不妨去試想，自己是否也會有同樣的情緒可能），也是台灣政治發展過程中的一項特徵。於是，中國大陸政府的反對，不僅對阻止公投立法或台灣獨立沒有幫助，反而由於強硬的立場姿態，給反對中國者一個更強的宣傳利器，去製造民粹氣氛來推動中國大陸所不樂見的事情。擋不住的，爲什麼不用同理心順水推舟？起碼贏得一個「大陸當局是講理的」形象。

設想，如果國台辦發言人對台灣公投立法的說法是：「我們尊重台灣內部針對公投的立法行爲，但反對台灣進行獨立公投！」這樣不是更平易近人、合情合理多了，因爲就實際而言，公投立法和獨立公投是不同的事情。兩岸要統一，就非得爭取台灣民心不可，爭取台灣民心其實並不困難，在對台的政策論述上，講情講理即可。

其實不只是類似公投立法這類的事件，中國大陸政府經常會表現出反而有害其追求統一的舉動，每逢大選的時候，中國大陸政府也常常跳出來當台灣獨立或反中國主張者的超級吸票機。最明顯的例子就是台灣二〇〇〇年總統大選前夕，大陸方面的憤怒談話以及飛彈恫嚇。如果說，中國大陸覺得反中者在抹黑中國，就更要避免在自己的臉上擦上一把煤灰來坐實這些抹黑。

我常對一些獨派人士妖魔化中國的言論不以爲然，但有時候中國大陸政府也的確提供他們一些用來妖魔化中國的素材，讓他們可以用來煽動台灣民眾的情緒。一旦人民手中的選票沾上了情緒色彩，那民粹的氣氛會使得人民的投票行爲變得很單純，你愈不要他怎樣，他愈要用你不喜歡的方式來證明他的自主性，就像是一顆皮球，愈是有外來的打壓，就愈是增強台灣人民的反抗心理和反彈力量。這一點，是中國大陸領導人應該要具備的體認。

壓縮台灣國際舞台的不智

其次，中國大陸當局把壓縮台灣的國際舞台當成對台工作的重心，這也是不正確的。

比方說，像世界衛生組織等許許多多的國際組織，他們存立的目的並不是政治性的，而是負有解決特定問題的專業使命。世界衛生組織的存立重心，就在於連繫全球的力量，確保全世界每一個角落，不受像SARS這樣的病毒侵擾；或者在發生類似像SARS這樣的危機時，讓面臨威脅的人們，無分國籍、種族、宗教，都能在國際衛生安全的防網下，得到最迅速與妥切的支援，去對抗這些威脅。

對台灣人民而言，加入世衛組織，其關心重點在於參與這個全球衛疫安全體系，這已不是政治性的問題，也不該以政治問題加以解釋。然而，大陸政府卻仍然以一貫的原則，用政治檢驗作爲門檻，來抵制台灣加入各種專業功能而非政治功能的國際組織，這叫台灣人民如何相信中國大陸政府，是關心台灣人民的安全與福祉呢？如果台灣人民無法建立這種信任，那麼到底台灣人民的心會朝著遠離中國？還是擁抱中國的路多走進一步呢？

如果，大陸眞的把統一當成最高目標，那就確立好一個絕不讓步的底限，例如「台灣宣布獨立」，只要不逾越這個底限，不但不應去掣肘台灣在各種專業功能的國際組織上參與，反而應該主動協助台灣爭取加入。例如，主動安排台灣成爲WHA的觀察員，其他的組織像糧農組織、原子能組織等等均是如此，「主動出擊」以爭取民心。而這些事情，大陸早就該作了；但現在開始作，也不算太晚。

大陸領導者的自我期許

當然，對中國大陸來說，一方面，大陸內部有一些民族主義的情緒在，要作到像我這樣的建議，是需要相當大的勇氣與智慧。但居上者最大的力量，就是擁有風行草偃的教化能力，只要確定道理講得通、目標達得到，大陸領導人就應該有信心可以說服大陸人民。

另一方面，大陸可能對台灣當局也的確有所顧慮，因爲台灣當局在兩岸問題上，也常常充斥著政治思惟，這就形成一種負性的循環。大陸政府很害怕對台灣的外交空間放太鬆，塑造出台灣是個「獨立國家」的形象，一放即不可收。如果設身站在中國執政者的角度去想像，那麼這樣的憂慮，也不是沒有道理。

但這並不是沒有解決的辦法，大陸方面可以善意宣布：「在接受中國大陸與台灣都同屬於一個中國的善意前提認知下，大陸方面將積極協助台灣方面，以特定實體（經濟、貿易、衛生、漁業等）的身分，在合適的名稱下，加入非政治性的國際組織成爲觀察員，乃至於正式會員。」簡言之，大陸並沒有放棄堅持一中原則的立場。支持台灣加入各種專業性質的國際組織，並不等於放棄一個中國原則；相反地，中國大陸不但表示出了善意，而且也把球作了出來。大陸方面可以說：「我都已經把善意作到這般地步了，剩下的就看你們了。」接不接受這「同屬一中」的認知，就看台灣到底是出於專業考量還是政治考量了。例如，台灣方面以「台、澎、金、馬獨立關稅領域」和中國大陸一起加入世界貿易組織，這能對所謂的「一中原則」產生什麼樣的傷害呢？

何況，國際外交講的是實力，只要大陸不點頭，不要說台灣加入這些專業性的國際組織並無礙大陸方面對統一的期許與認知，就算台灣眞的宣布獨立，又能得到多少國家承認？大陸應不至於連這點自信都沒有才是。

缺乏同理心，是最大的盲點

中國大陸當局思考台灣問題最大的盲點，就在於沒有設身處地去思考台灣人民的利益，即使在台灣人民面對重大危機時，也不知道以「萬事莫如救災急」的原則，讓政治思惟退位。

又如一九九九年台灣發生九二一大地震時，各國紛紛馳援。大陸方面也曾經令人意外地跳出來補上一句，表示各國如果要救援台灣，需經過北京「同意」。

其實，這些關鍵時候，原來都應該是大陸當局表達對台灣人民關心的加分時刻。或者，就算不想加分，也至少該避免掉無謂的政治動作傷害台灣人民的情感。

在這裡，我並不是要非難中國大陸，而是希望提出一些基本的警醒，如果大陸方面眞的把兩岸統一當作使命，那麼就該知道兩岸統一非善意不爲功，而所謂善意就是建立在同理的體貼與關懷之上，去思考台灣人民要什麼，在台灣人民困難的時候，去提供台灣人民需要的幫助。

第十四章

柔軟的身段

展現善意的具體作法

在二十一世紀，構建和平的人，才是真正的英雄；創造繁榮的人，才是真正的功臣。當前兩岸最需要的就是這種英雄與功臣。擁有大格局的思考，才有出現這種人物的可能。

——高希均㊺

前兩章的批評，似乎會給人一種感覺：台灣都對，全是大陸的錯。但眞的是如此嗎？

第一，大家可能會覺得，我好像說的都是大陸方面的錯，台灣方面就沒有問題。事實上，以我個人的觀察，我必須誠實地說，兩岸今天的僵局，台灣當局的責任絕對不會比中國大陸當局小，因爲台灣當局在很多地方，也的確沒有盡到善意的義務，甚至有時還刻意製造敵意。

但這些，我事實上已不下幾十次對台灣的執政者提出了沉重的呼籲。而在第十二至十五章中，我設定的「對話」對象並不是台灣的執政者，而是大陸政府與人民，這是之所以我的諫言都是集中針對著大陸方面的原因，並不是認爲台灣沒有問題而責任都在大陸。

第二，說眞的，我也覺得大陸對台灣要作多一點，也是合理的。一則表現中國大陸的風範，二則既然中國大陸的人民在中國統一的期待上一致性是比較高，而相對台灣內部的意見卻是較爲分歧的時候，這時一致性較高的大陸，就應該要表現出更柔軟的身段才是。

勿中獨派的預套

我再舉個例子，比方說，大陸方面主張台灣是中國的一部分，那這樣說來，台灣人應該在這樣的邏輯下被理所當然地視爲中國的公民、賦予等同的權利才是。大家也一定會覺得，台灣也沒有把中國大陸人民當成國民啊！不但在貿易上對中國大陸的商品設下諸多的限制，台灣也把中國人民當成外國人，大陸只不過是以彼之道，還施彼身罷了。

只是，如果大陸方面眞的這樣想，不就中了台獨主張者的預套了嗎？台獨主張者，就是認爲中國大陸是外國，大陸人民是外國人，所以才設那些限制的，如果中國大陸比照辦理，那不等於是同意了台獨主張者所說的，中國大陸與台灣是不同國家的看法了嗎？

因此，這點虧，我覺得是大陸方面必須吃的。甚至，我也不認爲那會眞的吃虧。事實上，賦予台灣二千三百萬的人民有和大陸人民同等的權利，會吸引更多來自台灣支持大陸的力量，包括人才、知識、資金、技術等等，反而會壯大大陸的實

㊺ 節自高希均〈推動兩岸經貿雙贏——從大格局出發〉，海峽兩岸關係研究中心主辦「兩岸關係論壇——兩岸關係與經貿交流」研討會，二〇〇四年七月二十八—九日。

力。而且，大陸方面如果眞的把中國統一看成最重要的事，那麼把台灣人視如公民，將有助於增加台灣人民對中國大陸的好感，這是促進統一的最大資本。

第三，目前台灣的執政者，對中國大陸不友善，有台獨的傾向，我想這點大陸政府與人民在情緒上都有些很不好的感覺，特別是這次台灣總統大選的結果，感到挫折。大陸方面對台灣當局領導人的不信任，我可以理解，因爲台灣當局領導人確實常有過分權宜的言談行爲，在不同的場合、對不同的人，常會說出立場截然不同的話，叫人無所適從，這是台灣當局該反求諸己的部分。然而這是不是代表大陸當局的強硬以對是正確的？這得區分成兩個層面來看。

若把對台問題簡化成「領導人的問題」，我能夠理解大陸的回應，因爲台灣當局領導人過去有許多選舉語言乃至於政府政策，的確相當傷害大陸人民的感情，大陸當局出於情緒而有此反應，似不足爲怪。

然而這樣的情緒處理是正確的嗎？台灣的領導人有任期限制，不管大陸喜不喜歡現在台灣的領導人陳水扁總統，他最多還有三年任期。而且，雖然台灣的首長是台灣人民選出來的，但終究不能和兩千三百萬的台灣人民畫成等號。此外，這次特定政黨雖然勝選了，但並不代表台灣人支持台灣獨立是佔多數，槍擊案以及台灣人民對藍營候選人有疑慮等等因素，都是綠營勝選的原因之一。事實證明，二〇〇四年底的立委選舉，泛藍過半，在席次上明顯地勝過泛綠。更重要的是，假如大陸當局真的有心要追求統一，就必須清清楚楚地明瞭，要說服的對象，不是某個特定人，而是台灣的多數人民。

讓「中國大陸」成爲籌碼

這時，大陸當局即應評估，對台立場愈強硬，除了可以滿足第一個層次的「情緒宣洩」之外，對第二層次的目標，到底是有利還是有害？這才是大陸方面應該要去想清楚的。如果第二個層次的問題比較重要的話，我覺得大陸的領導人與大陸人民就要在未來的四年裡，大步地提升台灣人民好感，讓「中國大陸」這四個字成爲籌碼，而不是包袱。

最後，善意才是兩岸統一最大的資本。如果中國大陸當局，眞的把統一當成非達成不可的使命的話，就該用對的方法，也就是盡可能地去爭取台灣人民的認同，而不是反其道而行，用威逼、壓制的方法，去激起台灣人民的對立情緒。

至於具體作法，我覺得可以分成幾個方面：

第一，用「同屬一中」論，取代傳統對「一中原則」的解釋。這點，我很高興看見大陸已朝這個方向移動的脈絡。以往中國大陸方面對一中原則的解釋方法是：「只有一個中國，台灣是中國的一部分」，這是一個不周延且給反對中國者有空隙進行負面解讀的說法。在台灣，反對中國者多半會將之引伸爲台灣被矮化的意思，以激聚支持者的情緒。

邇來，中國大陸方面對一中原則的解釋是比較進步的。新的說法是：「只有一個中國，台灣與中國大陸同屬中國的一部分」，這是比較進步、親和、有同理心，也比較聰明、正確的說法。而我倒是有一個更進一步的建議，不妨把這種對「一中原則」的解釋，直接變成一個政治名詞「同屬一中」，以取代「一中原則」這個在台灣被特定政黨負面解讀後，對相當比例的人民來說，幾乎變成一種刻板反應的負性名詞。事實上，筆者在一九九一年以海基會首任秘書長身分率團訪問大陸時，即曾對大陸當局表示過這項立場。大陸當時的說法即是：「台灣是中國的一部分。」而筆者則答以：「應該說是『大陸與台灣都同屬中國的一部分』。」

而我想也藉著這個機會，進一步說明，我對「同屬一中」論的理論見解。我以台獨主張者對「一中原則」最常提出的疑慮爲例，加以說明。

台獨主張者常常會這樣說：「只要接受『一個中國（原則）』，大陸大，台灣小，我們就等於承認我們是他的地方政府。」

接受「一個中國」，眞的等於承認台灣是中國的地方政府嗎？

我舉一個例子，美國有五十州，假如其中四十九州對夏威夷州說，我們四十九州加起來比你大，人也比你多，所以夏威夷州是我們「四十九州」的「地方政府」，夏威夷州要聽我們「四十九州」的話，你覺得這樣的邏輯有什麼樣的問題呢？

對夏威夷州而言，美國（聯邦政府）的確是中央政府，而夏威夷州是地方政府，但美國聯邦政府之所以是中央政府，因而使得夏威夷州在若干依憲法畫分應屬中央權限的事務上，要尊重中央政府或受到中央政府的約制，其原因是這個聯邦政府是經過夏威夷同意的，基於這層同意，美國聯邦政府才有對夏威夷依憲法行使其中央權限的正當性。

而事實上，這個聯邦政府的組成是集合式的，亦即其中必須包括夏威夷州在內，因此聯邦政府展現的意志，也是集合式的，也包含了夏威夷州的意志在內。簡言之，夏威夷州在依憲法畫歸中央管轄的事務上，尊重中央的權力，其眞正尊重的是包含夏威夷州自己意志在內的那個集合意志。

亦即，在民主的概念下，夏威夷州的地方政府位階，是相對於他所同意的聯邦政府而來的，如果沒有這層同意，如果聯邦政府之中並不具備包含夏威夷州意志在內的集合意志的話，美國聯邦政府就不具備相對於夏威夷州的中央位階的正當性。而更重要的一件事是，這以上的邏輯，最多只能導出被夏威夷所同意的美國是中央政府，卻絕不等於比夏威夷大、人口多於夏威夷的其他「四十九州」是中央政府。

中國統一的基礎

堅決反對一個中國原則的人，其反對論述，有一部分就是犯下了「四十九州」的邏輯錯誤。中國與中國大陸不是同義詞，把中國大陸等同於中國，就好像把四十九州等同於美國一樣，表面上似乎不過失之毫釐，事實上卻是差以千里。

假設台灣接受了一個中國原則，台獨主張者的憂慮會不會發生呢？首先，大陸無論如何也不可能成爲台灣的中央政府，這一點不論以現在分裂分治的情形是如此，即使將來出現了台獨主張者所不樂見的中國統一時，亦是如此。因爲在所謂的「一個中國」架構下，固然台灣是中國的一部分，中國大陸也一樣「只是」中國的一部分（這就是「同屬一中」論的精髓）。這各自的一部分全部加總起來，才有可能成爲「一個中國」的完整全體。

即使台灣將來成爲中國的地方政府，這也必須是由於台灣與中國大陸共同同意了一部憲法，依該部憲法允許成立一個超然於中國大陸與台灣之外的一個全新的中央政府，這個中央政府不但其權力依據是源自於台灣所同意的該部憲法，他許可執行若干畫屬中央權限的事務，其組成也必須包含台灣的意志成分在內。簡言之，台灣之所以肯認他的中央政府位階，是因爲台灣同意了他的位階，同時也因爲這個中央政府的意志包含了台灣的意志在內。換言之，這個中央政府同時是「台灣」也同時是「中國大陸」。倘若失去了這個同意或不具備這個集合意志，那麼一個具有正當性、能將台灣涵納入地方政府相對座標的中央政府就永遠不會出現。

第二，大陸方面可以有幾個具體善意作法：

（一）應該給予台灣人民和大陸人民同等的「國民待遇」，台灣的身分證就直接視同大陸身分證，台灣人民享有和大陸人民一樣的權利。亦即甚至，讓台灣人民擁有中國大陸的國籍。至於台灣人民要不要享受中國大陸的國籍而擁有權利及義務，選擇權留給台灣人民。又或，台灣當局是否有相關的禁制規定，那則是台灣當局是否體諒自己人民的問題。一個中國原則對大陸來說，與其當成一個政治名詞來主張，不如在中國大陸內部的法律體系下當成一種實際進行中的法律實踐，亦即直接把台灣人民當成大陸人民，這樣會更有說服力。換言之，如果大陸方面眞的認爲台灣人民也是中國的人民，那麼就應該給予台灣人民更好的對待，根本不必等台灣方面同意，只要是對台灣人民善意、友好、有利的規定，即可立即宣布實施，因爲那是大陸方面在內部可以做得到的部分，根本不必等台灣政府點頭。

（二）在經貿部分，雖然兩岸並沒有簽署類似中國大陸與香港間的「更緊密經貿關係安排」（CEPA），但大陸一樣可以主動友好地直接宣布，台灣的人民、企業可以享有和香港一樣，在CEPA中所列的一切權利，以爭取台灣人民的好感。特別是一些大陸政府單方面就做得到的事，不用等到和台灣簽下具體協定，等台灣方面點頭才作。其他諸如兩岸三通直航等問題，也都是同樣的道理。

沈君山先生嘗言：「……大陸強勢，台灣弱勢……大的、強勢的容讓著小的、弱勢的，才能團結融合；也才可能在更大的圈子裡，增加競爭力量。」沈教授並作出希望大陸當局：「必須放棄一些，才有收穫。」語重心長的結語。

這般想法，筆者心有戚戚焉。中國大陸有十三億人，台灣只有兩千三百萬人，對大陸而言，包納、寬待這兩千三百萬人不會因此失去什麼，反而如同筆者所強調的，可藉以吸引更多來自台灣的支持。當大陸的善意結合台灣的善意，共締了類似德法在五十年前成立歐洲煤鋼組織，爲今日歐洲聯盟奠基的善意、信任循環，那才是眞正值得兩岸同胞共同追求的不世成就。

追求統一，非善意不爲功，這是我對兩岸政府和人民最深的期許㊻。

㊻ 本章內容，曾與高希均教授以聯文方式，共同發表於二〇〇四年七月二十八－九日，於杭州舉辦之「兩岸經貿論壇」。另節成短評，以「追求統一，非善意不為功」為題，聯名刊登於《中國時報》，二〇〇四年八月七日。

第十五章

烏鴉的諍言

致胡錦濤主席的公開信

如果大陸政府真的有心追求兩岸統合或統一，就要避免當「北風」——威壓——只會逼台灣人民漸行漸遠；而要當一個「太陽」——體會台灣人民的心情——一方面對台灣人民釋出更多更大的善意，另一方面加緊自己內部的建設……

這一章，大致上是根據前三章的理念所整理的一封較爲具體的建議信，有部分內容有所重複。

胡錦濤主席勛鑒：

首先，要肯定您近來在兩岸問題上溫謙的發言，以及對台灣政策上，許多難能可貴的開明與進步，例如「反分裂法」當中，將「平等協商」、「同屬一中」等文字納進了法律文字之中，看得出大陸領導人在這件事上的千斟萬酌。而連戰與宋楚瑜先生造訪中國大陸的期間，您更透過口頭與文字，釋出了諸多善意大禮。這是很重要、也很難得的進步，即使這些開明與進步，台灣部分政治人物囿於選票上的考量，並未珍視，但我相信，放在時間的軸線上，這些開明與進步，終究會爲兩岸關係的拓展扎下好的基礎。這不僅代表您的修爲，也代表您的高瞻洞見。很明顯地，您很清楚，要爭取台灣民心，需要的是和顏悅色，而絕不是疾言厲色；需要的是發自眞心的體諒與尊重，而絕不能用以大欺小式的威壓。兩岸人民應該同感欣慰，今天是由您來領導大陸的政府，這讓我們寬心不少。

然而，單單只有您及少數領導人有如此的智慧與修爲是不夠的。恕我直言，大陸政府中，仍有許多官員常會有一些嚴重傷害台灣人民情感的舉措與發言，例如大陸的外長，日前對台灣極不友善的發言，以及部分將領以頗爲輕蔑的口吻，認爲台灣三二六的遊行，即使上街百萬人也不能和大陸十三億人相比。其言談間的神情與肢體動作，反映出對台灣人民的不尊重與輕視。這些對台灣人民的輕蔑表現（即使是對於主張獨立的人），都將使您的溫和體諒大打折扣。

持諸同理心，理解台灣人民的想法，才能爭取台灣人民的認同，這一點應該是所有大陸領導層都該有的體認。只有發自眞心的尊重、體諒台灣人民，才能避免類似的不當言論脫口而出，也才能爭取台灣人民的認同。

設立紅線，紅線以外無限自由

當然，大陸方面也有自己的政治立場要照顧，這一點可以理解。但務實來說，大陸方面就要想好最核心的堅持是什麼，其實不過就是「反對台灣獨立」，那很好，這就是紅線，除此跨越紅線以外，其他的就應大方地給台灣方便，大展闊步，爭取台灣民心。

相信您一定讀過「北風與太陽」的故事。我在台灣，看到了一篇以北風與太陽比喻兩岸關係的文章，寫得很好，文章的大意是：如果大陸政府眞的有心追求兩岸統合或統一，就要避免當「北風」——威壓——只會逼台灣人民漸行漸遠。而要當一個「太陽」——體會台灣人民的心情——一方面對台灣人民釋出更多更大的善意，另一方面加緊自己內部的建設，只要大陸經濟繁榮了、政治民主了，並且對台灣累積了滿滿的善意，討得台灣人民的歡喜，在時機成熟的時候，台灣人民自然會敞開胸懷，接納統一。

然而，要如何落實這樣的「太陽政策」呢？我有幾個具體的建議，提供給您。大致分為兩方面：對制度以及對人民。

（一）對台灣制度的太陽政策：尊重台灣的現狀制度。

首先，就是在「不越紅線」前提下，定位並承諾台灣的現狀。這承諾包括：

1. 承認台灣的實體地位，包括政治實體、經濟實體、貿易實體等等地位。須知，承認台灣的實體地位，和承認台灣是獨立國家是兩回事。其實，純從國際情勢來看，大部分國家在外交實然面是向大陸傾斜的，換言之，只要這情勢不變，不要說台灣被承認具有實體地位，不會影響中國大陸「反對台獨」的政策，就算台灣真的宣布獨立，沒有得到大多數、主要大國的承認，這樣的獨立宣示也很難有實質意義。甚至，從統一的角度來說，別說僅是承認實體，連兩德曾經互相承認彼此為「國」，時機成熟時，不也統一了。因此，大方給予台灣實體的承認，並不影響兩岸統合或統一的追求。

而基於這樣一個實體的承認，大陸方面也可以藉由主動協助台灣加入若干國際組織，來表達大陸方面的善意。

2.承認台灣的「一中憲法」及其下的法律體系。承認分治現狀下的台灣實體地位，也當同時承認分治現狀下，台灣的「一中憲法」地位。在台灣的治權範圍內，承認並尊重台灣在一中憲法下的一些法律，並在不牴觸大陸的治權前提下，在大陸的治權範圍內，台灣制定的法律效力，亦一定程度的及於大陸。這個邏輯的基礎是：「即便你（台灣）不承認我們是一家人，我（大陸）還認為、並在實際作法上，把你作的事情當成是家人作的事情，接納並尊重！」

這時，只要不牴觸大陸的法律架構、不涉及台灣獨立的政治問題，則大陸方面應該「承認台灣法律的效力」，特別是台灣的憲法；甚至，不妨直接把台灣的「國家統一綱領」交給全國人民代表大會，全文一字不漏地複議承認，將台灣自己訂的「國家統一綱領」明定為中國大陸的法律。用台灣方面自己作出的政策綱領來凸顯追求統一的正當性，這會比訂立「反分裂法」有效的多。

所有可以想到的、不衝突紅線的承認，均主動釋出。

（二）對台灣人民的太陽政策：賦予台灣人民（包括法人）等同於中國公民的權利。

大陸政府前總理朱鎔基先生，對大陸的治政，功勳卓著，令人欽服，但他曾說過一句話，就大有值得斟酌之處，大意是：只要中國統一，台灣人也可以當大陸中央政府的副主席。這話點出了關鍵，如果把台灣人民當成中國人民，當成自家人，其實台灣人民不僅可以當中國的副主席，在大陸的制度下，也應該擁有擔任中國國家主席的資格。換言之，如果您可以公開地說：「我期待有朝一日，國家主席會是由台灣人民出任！」這句話，才眞的有說服力。

眞要爭取台灣人民的認同，則應給台灣人民一種權利選擇權，換言之，只要台灣人民願意，應即給予等同於中國公民的一切權利與資格。包括應考試、服公職、受教育之權以及完整而平等的工作權。

在經貿關係上，大陸與香港簽訂的「更緊密經貿關係安排」中的一切優惠，即應一體適用於台灣。

而以上對制度或對人民的善意，都不用等政府談判後才作，因爲這些都是大陸政府「片面即可決定的善意」。換言之，要給予台灣人民、台灣政府什麼樣的政策優惠、方便或善意，事實上，是大陸方面的政治權利。雖然「接不接受」是台灣人民或政府的權利，但給不給予卻可以百分之百掌握在大陸政府的手中。

兩岸政府立刻談判，無論是現實技術上或者意識形態上的困難，使得雙邊的協議無法達成，不過大陸既然要爭取台灣人民認同，本就不必拘泥於「雙邊」的形式，對台灣人民好的、有利的政策（例如承認台灣的學歷，與大陸人民等視地給予台灣人民應考試、求工作之權等等）。這些政策，實際上都是大陸方面「獨立的政治權力」，「單邊」即可實施，這些都是大陸方面應列為當務的優先工作。

用「一國良制」取代「一國兩制」

「一國兩制」的主張是沒有說服力的。台灣人民要的並不是特異於中國大陸的一個獨立的「好制度」，台灣要的是和中國大陸一樣的「好制度」。說得明白一些，台灣人民重視的其實應該是一個可以一體適用、可長可遠的優良制度，而非單獨行諸台灣而不行於大陸的「特權」或特別的制度設計。因為，兩個不相容的制度，終究會有衝突牴觸的一天，對已勵行民主制度的台灣而言，很難想像一國兩制有可能成為終局性的政治安排。

說得更具體一點，現在的中國大陸，仍舊處於共產黨一黨專政的時期。從民主發展溫和轉變的觀點來說，筆者可以理解這樣的專政，是「過渡安排」。但大陸方面應有體認，這「過渡安排」終要以進入「競爭式民主」的時代，也就是未來的中國大陸，必然不能再是共產黨一黨專政。換言之，在大陸仍是一黨專政，尚未在制度上邁入「競爭式民主」的階段時，兩岸即不適於統一。

鼓吹統一，最有說服力的作法是，先在大陸內部建立一個成熟的、穩定的、可以帶給人民最大福祉的制度，透過這樣的「良制」來取得台灣人民的眞心認同，那麼兩岸統合就會是比較自然的一件事。

統一靠的是對自己的信心

大陸應該要對自己更有信心，大陸近年來的快速蓬勃是有目共睹的，快速的經濟成長速率，日漸重要的國際地位……，對中國大陸而言，如果兩岸統一是衷心的期待，那麼所差的條件只有一個，就是「時間」。這點是筆者有信心的，也是您一定同樣覺得有信心的，只不過在時間這個條件尚未成就之前，中國大陸的領導人與人民要保持更多的耐心去等待，以及運用更成熟的智慧去營造和諧的兩岸關係。

如果連大陸本身都不具備這樣的信心，而必須以「武力」爲後盾，強押著台灣成爲其一員，很簡單地將心比心一番，交換一下彼此的立場，您試著把自己想像成您是台灣的人民，這時的您，有可能在武力的壓迫下，誠心誠意地與大陸成爲一家人嗎？

事實上，我甚至可以大膽地說，有朝一日，中國大陸「不反對台灣獨立」時，那就會是中國統一的時候了。因爲這代表那時的大陸已成熟、夠信心到可以包容一切可能性，這樣的一個中國大陸，台灣應會有更大的意願與大陸統一。

以上具體意見，提供您參考。其中部分意見，從您與連戰及宋楚瑜先生的會談中，已看見您約略帶及，很希望那些文字與口頭上，您釋出的善意能盡速落實為行動。冀盼兩岸統合、和平共榮之日早日到來。春寒料峭，尚祈　珍衛。敬請

勛安

陳長文　謹啓

二〇〇五年三月　於台北

第三篇 和解

尋找最大公約數

2005年1月29日，六架中國大陸的民航機及六架台灣的民航機，連結兩岸的北京、上海、廣州、台北及高雄五座城市，為兩岸直航寫下歷史新頁。圖為首架中國南方航空客機降落在桃園中正國際機場。（AFP/TDI）

中共未放棄敵意，這個事實並非讓我們拿來當成阻擋善意促進的藉口，而應作為我們力圖扭轉的目標。也就是，為著台灣的安全，應該努力地降低對岸的敵意。視之為友，至少有機會成為朋友；但若視之為敵，就必然是敵人！這是筆者送給兩岸政府的話！

第十六章

是信念或是裝飾品？

從尊重兩岸人民的人權做起

公元前四十九年羅馬三頭同盟結束，龐培與凱撒展開對決。

龐培向人民宣告：「不聽命於我的，都是『敵人』！」

凱撒則向人民宣告：「不敵視我的，都是『朋友』！」

龐培的首敵是凱撒，卻愚蠢地先幫自己找更多的敵人；凱撒卻很清楚，除了龐培之外所有的人都是他要攏絡的朋友。一邊「同中求異」尋找「敵人」，一邊「異中求同」增加「朋友」，勝負誰屬豈不明顯？

二〇〇五年二月底，陳水扁總統與宋楚瑜主席達成了和解的共識，不只希望做到台灣內部的族群、政黨和解，也希望使扁宋會成爲兩岸和解的可能起點。然而，如何把這些目前止於口惠的共識，變成實質的成績呢？

筆者認爲，第一步就應該從修廢兩岸人民關係條例中，種種對大陸人民不合理的規定做起，至少先做到「不歧視」大陸人民。第二步則是不要侵害台灣人民赴大陸求學、工作與投資的人權。

以下，我整理了過去兩年，我在報章上呼籲政府重視大陸人民與台灣人民的人權問題，這些書稿所指出的問題，也是我衷心建議政府拿出誠意、魄力，優先努力的政績。

之一

人權是信念，不是裝飾品

刊於《聯合報》，二〇〇三年十一月二十四日

有一位慈善家，走到哪裡都受到人們的敬愛。他的一位鄰居希望能和慈善家一樣受人尊敬，於是買了一件和慈善家一模一樣的衣服穿著上街，但大家對他還是不理不睬。鄰居很生氣地咆哮：「我和慈善家穿的一模一樣，為什麼你們還是不理

我？」這時，人群中走出了一位長者，告訴他：「我們敬愛的是慈善家的心，而不是他的衣服。」

報載行政院提出人權法草案後，陸委會卻表示，推動人權法對陸委會是「沉重的負擔」。因為兩岸人民關係條例中，對大陸地區人民的遷徙自由、工作權、參政權等均多有限制，一旦人權法立法，這些限制都將可能牴觸人權法的規定。有官員建議，在人權法中設定排除條款，以避免二法可能的扞格。但政府又擔心這樣的人權法將無法與國際的人權法典接軌，七折八扣下來，不但沒辦法當作宣揚台灣是人權國家的宣傳品，反而會成為國際的笑柄。

世界人權宣言第一條開宗明義寫著：「人皆生而自由；在尊嚴及權利上均各平等。人各賦有理性良知，誠應和睦相處，情同手足。」第二條亦明白揭示：「人人皆得享受本宣言所載之一切權利與自由，不分種族、膚色、性別、語言、宗教、政見或他種主張、國籍或門第、財產、出生或他種身分。」可知，平等不歧視，是人權最重要的意涵與精神，沒有平等，人權無以附麗。

兩岸人民關係條例中的許多規定，不要說區分了本國人民與大陸地區人民而設有差別對待，就算把大陸人民當成外國人，我們也特別把他們與其他的外國人區隔開來，給予歧視的待遇。繼承權利特設限額、居留取得時間倍於他人、特別的工作限制、特別的遷徙限制……只要這些歧視性的規定存在，台灣就不可能成為一個百分之百的人權國家，因為我們衝突到了人權最核心的價值與平等。

政府擔心打折扣的人權法沒辦法與世界接軌，這讓筆者非常感慨，原來我們所以要立人權法，最在意的竟是「世界承不承認」的虛名，而不是讓人權生根於台灣，這種心態可說是對人權最大的諷刺。

讓我們來回顧世界人權的奮鬥史，將這個奮鬥史稱之為「血染的歷史」是一點也不為過的。世界人權宣言、公民及政治權利國際盟約、經濟社會文化權利國際盟約，這三大人權憲章的訂立，是無數人流血流汗，甚至犧牲生命所換得的，這些賢人志士追求的人權，不是一件拿來炫耀的衣服，而是一個發自於心的真誠信念。本於人的理性良知，他們相信每個人都應有尊嚴地活著，擁有自由，免於恐懼匱乏，因為人與人之間本應和睦相處、情同手足地共同生活。如果沒有那種發自內心，對人權真正的信仰，就算我們立了人權法，穿上了人權的外衣，就能夠贏得世人的敬愛嗎？如果我們真的尊重人權，真的想要追求人權，那麼陸委會的一切擔心都將是多餘的，因為一個牴觸人權的劣法，根本不該讓它繼續存在。

或謂，兩岸人民條例所以如是規定，是因為兩岸當前仍存有敵意，因此不得不對大陸人民的權利有所限制。如是敵意，那是政府間的事，與人民何干？你可以敵視中國大陸的政府，如果你真的覺得它對台灣的政府有敵意，這些所謂的猜忌與對立，都不該作為人權打折的藉口，不該作為遷怒大陸人民的理由，否則人權還有什麼普世之價值可言？

再者，若真的連中國大陸人民都得列入敵意報復對象不可的話，乾脆全面斷絕兩岸的交流，不要讓大陸人民跨進台灣國門一步。只是顯然地，在全球化的趨勢下，政府知道那是不可能的。既然政府允許他們來到台灣，就應該給他們平等的待遇，就算不想把他們當成同胞，不願給予他們和台灣人民相同的國民待遇，至少也應該把他們當成一般的外國人，讓他們和其他的外國人得到同樣的對待。

又或謂從過去大陸地區人民來台定居的事例中，我們發現不少非法弊端，例如部分大陸地區人民以假結婚方式進入台灣從事色情行業，但那仍只是部分人的不法行為，焉能以此為由，一竿子打翻一船人，把所有來台的大陸人民都當成居心叵測的犯罪分子？

穿上慈善家的外衣，不會使人變成慈善家；同樣，一個空有虛名、七折八扣的人權法，也不會讓台灣成為人權國家而贏得世人敬愛。因為，人權不是裝飾品，不是拿來炫耀的衣服，人權是一顆同理的心，一顆真誠的、平等對待每一個人的心。政府如真的那麼想得到「世人的敬愛」，請發自內心地信仰人權，實踐人權。

之二

大陸痴與人權盲

刊於《中國時報》，二〇〇四年三月六日

最近，政府規定大陸新娘申請來台定居要提出五百萬元財力證明，引起社會一陣撻伐，認為這是開人權倒車。政府先是振振有詞地宣稱：「這不是歧視，而是保障大陸配偶的權益。」嗣後承受不住社會輿論的龐大壓力，改口說是行政疏失，承辦的公務員把大陸移民和經濟移民搞錯了。

筆者倒真希望政府只是「搞錯了」，但真的是搞錯了嗎？只怕未必！近年來，我們的政府在部分國內人權的提升作為上，交出了一些堪稱不錯的成績單，這點應給予掌聲；但對於只要扯上「中國大陸」這四個字的人，基本上無分是大陸人民甚或是台灣人民，不管四年前的國民黨政府也好，或今時今日執政的民進黨政府也罷，都好像是得了「人權盲」一樣，什麼人性尊嚴、人民基本權，統統忘得一乾二淨，荒謬絕倫的限制規定、歧視措施不勝枚舉。

大陸配偶取得台灣居留權的時間，要比其他外國配偶多上兩倍時間；大陸人民對台灣人民的遺產繼承額度不能超過兩百萬元；實施了面談制後，負責面談的官員，用不堪入耳的言詞羞辱大陸配偶……

憲法上人民擁有受教權，其核心是人民有自由選擇就讀學校的權利，政府卻硬要透過片面的不採認大陸學歷，去剝奪台灣學子赴大陸求學的權利；政府宣布，我國公務人員長期居留在大陸地區每年超過一百八十三天以上者，將強制停領月退俸。公務員一輩子為國家公務獻身獻心，耗盡青春，法律給予其領取月退俸的權利是對公務員理所當然的回報，他在台灣住可以領、到美國住可以領、到英國住可以領，到剛果、到南非、到新幾內亞都可以領，為什麼到大陸住就不能領？

說真的，這些規定還需要什麼法理分析，才能知道政府的對錯？將心比心，你會希望自己或自己的親人受到這樣的待遇嗎？如果答案是否定的，「己所不欲，勿施於人」。為什麼要對這些人設下這些充滿歧視、敵意的條款呢？要判斷這些最基本的是非道理、人情世故，無須崇高學歷，不必顯赫官爵，只要一顆悲憫的同理心就可以輕易判知，不是嗎？

然而，只要一碰上「大陸」二字，政府就好像發痴著魔一般，原來心心念念常掛口上的人權理念，瞬間就被拋入九霄雲外，好像得了「大陸痴」一般。

中國大陸政府對我們是否有敵意，實在不應該作為政府輕忽人權的藉口，政治的歸政治，人民的歸人民，政治上的不友善，都不該遷怒於這些無辜的升斗小民。即使我們的政府真的覺得對岸政府對我們不友善、很討厭，也該區分政府與人民，衝著對岸政府做什麼舉動也就罷了，實在不該把帳算在人民的頭上，對他們進行差別性的歧視對待。

還好，多數的社會大眾仍有基本的道德判斷能力，使得政府在強大的輿論壓力下收回了「五百萬條款」。但令筆者疑惑的是，為什麼社會大眾能夠明辨是非，而這些草擬法令的公務人員以及政府官員，卻沒有同樣的道德判斷力呢？如果政府官員一遇到「大陸」二字，就會立刻忘了人權的話，我們實在很擔心，即使今天這個錯誤的政策收回了，明天呢？

筆者並不想批判政府，只是誠摯地希望，政府爾後在制定相關政策時，能夠發揮同理心，或者能夠把「大陸人」中的「大陸」二字暫時拿掉，給這些揹著各種辛酸來到台灣的平民百姓最基本的「人」的待遇。也許只有走出「大陸痴」，我們的政府才可能治療那纏身已久的「人權盲」吧。

之三 大陸人民繼承權限制，該取消了吧

刊於《聯合報》，二〇〇二年十一月十一日

「為了偉大，可以犧牲一切的渺小。」這是筆者最近的一個感慨。

近日兩岸人民關係條例修正之議沸沸揚揚。但有關限制大陸地區人民對台灣地區遺產繼承權之規定，似未在討論修改之列，對此，筆者實是耿耿於懷。十餘年

前，筆者在海基會秘書長任內，參與該條例在行政院討論時，便對該限制規定表示反對㊼。

筆者認為，從歷史的人道關懷而言，我們可以簡單地想像，一位丈夫因為歷史的悲劇被迫離開大陸的妻兒，一別四十寒暑，滯於大陸的妻兒子孫，孤苦無依，未受丈夫或父親照顧，這時台灣丈夫身後的積蓄，讓其大陸親人可以與台灣地區人民有同等的繼承待遇，可說是一種恤生者以慰亡靈的人道悲憫。惟反對者從遺產貢獻角度析之，認為大陸親人對遺產形成之貢獻不若台灣親人，賦予其同等的待遇，將有損台灣人民的利益。對這類似是而非的論調，筆者固然不贊成卻也不再堅持己見。惟時隔十餘載，兩岸環境丕變，是項規定欠缺正當性更可從下列幾點說明。

首先，從法律角度來看，該歧視性的限制，不僅違反近十年來台灣地區努力建立的憲法平等權保障制度，也悖於國際法所揭櫫之人權精神。

隨著民主發展日趨成熟，以及大法官本身的銳意進取，我國對人民基本權之保障相較於先進國家不遑多讓，尤其在平等權內涵方面更是強調的重點。以大陸地區以外的外籍人士相對分析，我國並未對外籍人士就台灣地區遺產之繼承權有所限制，為何獨對大陸地區人民採取針對性的歧視？而從國際法的角度言，政府為了標

㊼ 當時座上的行政官員、政府菁英，竟然均無動於衷，這讓筆者至今仍甚感慨。

榜人權國家，常自豪台灣人權保障可與世界接軌，然當代國際人權法所宣揚的普世人權，其意義即在落實無分種族、國籍、性別、年齡，使人人享有一定的基本權保障，針對性的剝奪或限制大陸人民的繼承權，豈合於憲法與國際人權的精神？

其次，當初以貢獻說，牽強羅織限制大陸人民繼承權的政策基礎，也因兩岸人民十多年之交流，主客觀環境變遷而不復存在。繼承權限制已從歷史悲情變成了現實常態。台灣人民因赴大陸旅遊、經商、求學，自然而然地與大陸人民相識相戀而共結連理，這是發乎人性、合於常理的人世情愛，對於這些台灣人民摯愛的另一半，為何仍要執意規定需有台灣人民身分後，才能取消其對台灣地區遺產繼承權之限制？

更何況我國尚進一步規定，大陸配偶欲取得台灣地區戶籍登記，自結婚時起算，至少需八年時間，最近政府更有意延長為十一年，十一年是個漫長的歲月，如其台灣配偶在此期間內不幸亡故，再片面限制其繼承權利，可謂合理？如大陸配偶已育有子女，此種作法，可謂人道？縱還是要從貢獻說的角度強作差別待遇，生活於台灣數年而尚未取得國民身分的大陸配偶，對遺產真無貢獻？若其無貢獻，又是誰有貢獻？

到最後，這些不合理限制的存在理由，都只能上綱到所謂的「國家安全」或「國家認同」，因為大陸對台灣文攻武嚇，所以大陸是敵人，但那些來自大陸的台灣媳婦、台灣女婿何辜？當我們一手指著大陸對我們不友善的責問的同時，是不是也該想想我們對大陸地區人民所作的種種歧視，大陸人民又作何感想？塑造一個敵意的循環，智乎？

這讓我想起德國哲學家海德格爾（Martin Heidegger）所言：「偉大始於偉大，渺小始於渺小。」海氏的說法提供了納粹菁英統治壓迫少數的哲學基礎。在無限上綱一個偉大目標後，像兩岸婚姻這種渺小的人間情愛便宿命地得不到同情，所有對人的悲憫、關懷與同情在這偉大的尺標下，我們都可以理所當然地選擇遺忘與冷漠。但這樣的遺忘與冷漠，我們真能心安嗎？

之四

不讀那所大學的自由

刊於《中國時報》，二〇〇三年十二月二十日

報載，陳總統表示，任內絕不會採認大陸學歷，理由是：「現在已面臨招生不足難題的國內大學，學生流失更多，豈不是更招不到學生？」

筆者很希望這則報導是錯的，因為這樣的觀念有以下幾個明顯的謬誤。

首先，政府有權採認學歷的基礎是什麼？人民有受教育之權，這個權利的行

使，最基本的核心乃在於人民有權可自由地選擇他認為最合適的學校受教育，不管這個學校是台灣、美國還是大陸的學校。這個基於受教權的核心權利——自由選擇學校的權利，政府要直接或間接地去限制，都必須十分謹慎。

當然這不表示，政府沒有採認學歷的權力，雖然基本上筆者頗懷疑採認學歷的制度。我認為，學生的能力會在職場中反映，長久以後，自然會累積出對各個學校的評價，這才是最好的學歷採認制度，政府似不須越俎代庖。但若要為採認學歷的制度辯護，也應該提出一個具有説服力的立場。只是這個權力（或者很正確地説是政府提供人民服務）相對於人民的受教權，應該是被限縮而且應是一種被動的權力。

簡言之，政府之所以有權採認學歷，重心還是得回到保障人民的受教權這個核心價值上，亦即透過採認學歷的制度，希望能夠提供人民基本的資訊，亦即人民所選的學校若經政府採認，會是一個達到一定品質門檻的學校，使得人民不會因為資訊不充分而作出錯誤選擇。而這個品質門檻也可以間接地產生另一種的資訊價值，亦即從社會市場功能的立場來看，若學歷會反映學力，則被採認學歷學校所教育出來的學生，也可能會在形式上象徵著其學力可以有一定的品質，如此一來比較能落實教育促進社會進步的機能。

除了這兩項仍基於人民受教品質權所衍生出資訊保障目的，可能作為政府行使學歷採認權力的權源外，這個權力並不賦予政府基於其他政策目的考量而任意行使的基礎。一九八二年，美國最高法院在Plyler v. Doe案中，針對非法入境學童的就學權，作出了一個很值得省思的判決。判決的大意是，沒有合法的居留權利是一回事，但政府未必有權力以此為由，自我設限而消極地拒絕提供這些外國人應平等享有的受教權。政府手上雖握有教育資源，但這樣的教育資源對政府而言是一種義務，是要讓人民可以平等而充分接受教育的一種政府義務，而不是給政府去決定要讓誰有權受教育、誰沒有權受教育的權力。

同樣的，採認學歷，是一種基於資訊保障功能，依辦學品質而決定是否採認的制度，這是一種政府義務，而不是讓政府恣意而為，愛怎麼用就怎麼用的權力。

美國對非法入境的學童尚能有如此寬大的心胸，而嚴謹地要求政府不應錯把提供教育的義務當恣意權力而加以濫用。我們的政府卻連對自己的人民都做不到權力的節制，反過頭來用採認學歷作為手段，去限制人民的受教權，這個政府說得上是顧國家、顧人民嗎？

退萬步言，就算從「政府最大」的角度來看，採認學歷的尚方寶劍在手，就表示政府愛怎麼用就怎麼用，所以政府有權透過不採認大陸學歷，讓學生無奈地無法有較多的受教選擇權，間接讓國內大學可以有較多的機會收到學生。這個理由也有思慮褊狹、邏輯謬誤之嫌。

一、如果政府真的擔心國內大學招不到學生，應該做的不是限制台灣學生到大陸留學，而應該是開放國內大學招收大陸的學生，並鼓勵國內大學爭取大陸龐大的高等教育就學市場。我相信，基於經濟、政治制度上的一些優勢，台灣大學的辦學品質平均而言應是優於大陸的學校，雙方開放的話，來的學生不會少於去的學生，這一點，政府應對國內大學有信心才是。

二、若是真的擔心學生流失，那麼乾脆禁止人民出國留學，全世界所有其他國家的學歷概不採認不是更好，為何獨獨挑中國大陸，說大陸學歷不採認呢？我想，也許政府真正擔心的是，怕台灣學生在大陸會受到共產主義的影響。但這樣的擔心實在有些多餘，我們應該相信在民主社會成長的台灣學生的判斷能力。再者，現在中國大陸的教育，也不能用二十年前那種政治教條掛帥時代來看待，大陸確有許多辦學不錯、講求專業訓練，也值得台灣學生前往學習的大學學府。

三、國內大學招不到學生，問題應根源於辦學品質、學校數量以及學費標準的問題上，這些根本的問題不解決，招不到學生的問題，會因為政府不採認大陸學歷而得到多少程度的舒緩？

四、就如同台灣留學大陸青年學生發展協會會長朱榮彬所說，目前在學、畢業的大陸台生少說也有兩、三萬人，不採認大陸學歷將加速台灣高等人才流失，逼這些台生在大陸發展。讓人民受教育，除了是人民不可被剝奪的權利外，它還有一個間接的利益，就是提升國民素質，為國家培育人才。就算這兩、三萬曾赴或現赴大陸留學的人民，政府不把他們的權利當一回事，但政府至少也該想想，對台灣而言，拒絕這些人才將他們所學服務台灣社會（或人類），會是一件正確的事嗎？

最後，我想用公民及政治權利國際盟約第十二條第二項的規定作為結語。這個條款規定是：「人人有離去國境的自由，包括他的本國。」套在採認大陸學歷這件事上，我要說的是：「人人有選擇不讀那所大學的自由，包括他本國的大學。」英明的政府，為人民的受教之權多想想吧。

之五

台灣之子不能搭返鄉包機

刊於《聯合報》，二〇〇五年一月十七日

兩岸關係日前獲得歷史性的突破，雙方代表達成自二〇〇五年一月二十九日起雙向直航四十八航班春節包機的共識，這是在台灣地區與大陸地區人民關係條例二〇〇三年十月修正將「政府主導、民間協商」模式法制化後，第一個成功的案例，對於便利國人返鄉、減少運輸成本等實際層面亦有重大意義，值得慶賀！

但是，這次的春節包機協議，卻將赴大陸求學學生排除在搭乘包機對象之外，究其原因，據報紙轉載的說法，是因為「教育部沒有同意他們能去大陸讀書」，這個說法不僅荒謬、可笑，也凸顯了政府官員法治觀念的欠缺，有必要及時改正。

仔細分析「台生不能搭包機」的決定，其實牽涉幾個基本觀念。就民航業者方面來說，春節包機航線因為可以大幅減少飛航時間約二分之一，在票價上也具競爭力，相較於一般須降落第三地的兩岸航線，可謂是一個獨立的市場，如果業者聯合拒絕做台生春節包機的生意，迫使台生必須選擇其他較為昂貴且不便捷的航線，將有限制交易對象，而致違反公平交易法。

如果說台生不能搭包機是政府政策決定，且背後原因確在於「教育部沒有同意他們能去大陸讀書」，則筆者不禁要問，究竟是哪一個法律規定，禁止學子赴大陸求學？又是什麼時候，政府可以違反憲法以及國際人權法規，堂而皇之地限制人民追求知識與學習的自由？此外，政府行使公權力及裁量權限，非有正當理由，不得為差別待遇，更不能將與公權力行使毫不相干的因素作不當地連結。在春節包機這項以便利在大陸地區國人返鄉為出發點的人性政策上，有什麼理由給予台商、台生（及其他在大陸之台灣同胞）差別的對待，又為什麼能把政府特定教育政策（且不說這項教育政策已有違憲及違反人權的疑義）與春節包機硬拉在一起。難道政府是藉返鄉的不便利來懲罰赴大陸留學的台灣子弟嗎？

又純從消費者保護的觀點，台生不能搭包機也顯然值得海峽兩岸的相關消費者保護團體關注。且不說台生相較於台商在經濟上本屬弱勢，理應給予照顧；同樣都是花錢買機票，為什麼因為消費者的身分不同，選擇就有差異？

赴大陸求學的台灣子弟，如同負笈其他各地的學子，甚或是台商，都是台灣之子，理應獲得政府相同的對待與照顧。筆者衷心呼籲政府相關單位應落實依法行政的要求，盡速採取補救措施；而相關消費者保護單位亦應負起監督之責，讓這些台灣之子的歸鄉路能更便捷與經濟。

之六 寧效凱撒，勿學龐培

刊於《自由時報》，二〇〇四年七月十九日

據報載，政府依據兩岸人民關係條例第三十三條第二項規定：「禁止人民擔任大陸地區黨、軍、政機關職務。」考慮對應邀擔任大陸證監會國際顧問委員會無給職顧問的前財政部次長戴立寧先生，依據同法第九十條，訴追刑責。雖然陸委會已邀約戴先生就此事溝通，氣氛和諧，惟筆者覺得這件事仍有一些值得討論的事理問題與法理問題。

離開公職九年，已是一介平民的戴先生，一生奉獻於台灣的教育、財經工作，不論專業、人品均受好評。身懷財經專業的他，秉著推己及人的精神，應中國大陸之邀擔任無給職顧問。大家撫心自問，有何不對？他把前半生投注在台灣，造福兩千三百萬人，今天讓他用專業來造福十三億人，進而助益兩岸關係，這不是應該鼓勵的事情嗎？為何要反對這種普世服務、造福人群的博愛情操？

政府表示是依據法律規定，但是問題的關鍵在於這樣的規定合不合理、合不合憲！特別是在動員戡亂時期早已終止的今天！

首先，對戴先生而言，應邀擔任顧問，雖是服務而非工作，惟該條例的禁制條款適用於全體國民，而這禁制的核心，從客觀面來說即違反了憲法第十五條「人民工作權應受保障」的規定，因為工作權核心即是「工作選擇的自由」，失卻了這個核心價值，工作權即成空殼。

政府方面復援引憲法增修條文第十一條規定：兩岸人民權利義務關係及其他事務之處理，得以法律為特別之規定。惟該法律並不能凌駕於最高法律——憲法本身的規定。

再從國際人權公約析之。世界人權宣言第二十三條第一項規定：「人人有自由選擇職業的權利。」經濟、社會、文化權利國際盟約第六條規定：「人人應有憑本人自由選擇工作謀生之權利。」

世界人權宣言已被多數國家認同其為國際習慣法，身為國際一分子的台灣豈能無視？經濟、社會、文化權利國際盟約更是我國於一九六七年簽署，經立法院於二〇〇二年批准，自有法律之效力。換言之，兩岸人民關係條例不能與之牴觸。

縱不談法律位階。自詡人權國家的台灣，怎麼連國際人權憲章的基本要求都作不到？

第三，就算用國家安全作為禁制理由，試問一個去職九年的財政公務員，當個不領錢的顧問，究竟哪裡礙著國家安全了？更別說該條例第三十三條是一體適用台灣的所有人民，這合乎比例原則嗎？而且違反者依不同身分，要承擔的竟是三年以下有期徒刑、一年以下有期徒刑的刑事責任或十五萬至五十萬元罰鍰，對人民權利的限制與侵害實在太過。

第四，如果真的認為台灣與大陸是一邊一國，不是反而更應該平等地看待與大陸相涉的事務，把對方當成平起平坐的國家看待嗎？政府不立法禁止人民任職於美國、英國、南非、阿根廷、北韓或利比亞的黨、政、軍機構，獨獨就是中國大陸不行，這不是自相矛盾嗎？

有人會說，那是因為大陸對我們有敵意，因為幫助大陸就是資助敵人！如果這個邏輯成立，不如對中國大陸宣戰並全面禁止交流。在戰爭狀態下，也不用談法律、人權了，不論到大陸任職、開會、經商、旅遊或探親，統統不准，敢去的，以通敵論處，不是更好？

最後，用一個故事作為結語。公元前四十九年羅馬三頭同盟結束，龐培與凱撒展開對決。

龐培向人民宣告：「不聽命於我的，都是『敵人』！」

凱撒則向人民宣告：「不敵視我的，都是『朋友』！」

龐培的首敵是凱撒，卻愚蠢地先幫自己找更多的敵人；凱撒很清楚，除了龐培之外所有的人都是他要攏絡的朋友。一邊「同中求異」尋找敵人，一邊「異中求同」增加朋友，勝負誰屬豈不明顯？

就算政府非把大陸當局當成敵人不可，也請把敵人範圍畫小一點，不要把政府間的嫌隙算到人民的頭上。助大陸與愛台灣並不衝突，像戴先生一樣願意關懷大陸，用實際行動證明台灣友善的人，他的愛台灣之心，比只會唱高調的政治人物強的多。關起門來找敵人，只會分化自己，亦無助於兩岸關係的發展。龐培之愚，能不鑒之？

第十七章

應窮盡一切，避戰

走出軍備競賽的無底洞

他把刀劍當作他的上帝。當他的刀劍勝利的時候他卻輸掉了自己。

——泰戈爾（Rabindranath Tagore）·《飛鳥集》

長久以來，由於兩岸關係持續緊張，在政府眼中，中國大陸方面不放棄武力解決台灣問題，加上連年的擴充軍備，面對這個假想敵，政府遂以理所當然的姿態，進入和對岸進行軍備競賽的循環，以維持兩岸的戰力平衡，但這需要極爲充裕的政府財政作爲強化國防的後盾。可惜近年來，由於經濟景氣低迷，租稅收入不斷減少，相關的政府支出仍持續增加，這失衡的情形，使得政府債務屢創新高。這個財政後盾顯然不太牢靠。

在這樣的財政背景下，行政院卻大手筆地提出了六一〇八億軍購預算。這引起我極大的疑惑，躍然於新聞版面上的台灣，似乎是兩個截然不同的台灣。前一天新聞版面上的台灣，可能正困頓於財政窘境，人民坐困愁苦，可說是四方哀鴻。但隔一天，翻個版面，台灣似又變成了一個財源滾滾、出手闊綽的軍購大國。台灣到底是缺錢還是不缺錢？

從每年兩千六百億的國防預算，到六一〇八億的軍購預算，我提出了一系列的呼籲，呼籲政府與人民去深思，這些預算若用來挹注社福，可以挽救多少陷入絕境的家庭；呼籲大家去思考更深入的問題，天價的軍購眞的能買到安全嗎？而這些呼籲，都化爲以下的一篇篇投書。

之一

國防要有國防以外思考

刊於《聯合報》，二〇〇三年九月二日

雖然兩岸軍力明顯失衡，國防部長湯曜明仍表示，國軍不會與大陸軍備競賽，並且今年起十年內，國軍將實施兩階段「精進案」，總精簡員額八萬五千，是現有員額的百分之二十二。

戰力失衡卻精簡國軍，看起來相互矛盾，實則不然。筆者認為湯部長的想法是正確的，因為國防政策不能僅從狹義的國防面向去規劃思考，特別是在政府財政困難的此時。對此，筆者覺得，可從四個思考步驟來檢視國防政策。

第一，國防的目的是維護國家的和平安全。最治本的方式是促進和平，避免製造對立的敵人。簡言之，就是暫時放下意識形態的對立，努力化異求同，用務實與善意的態度，去經營和諧的兩岸關係，以維護兩岸的和平與安全。

第二，應相對考量國家的財政處境。即使務實與善意不能完全杜絕戰爭可能，仍須建構國防武力，在政府財政困難的此時，也應採取比較經濟且實在的方法去確保國家的安全。我國政府每年約投入兩千六百億的國防預算，這對經濟景氣低迷、稅收大減、債台高築的台灣而言，構成極大的負擔。若因此造成政府運作困難、社福水準下降、教育資源短缺、公共建設遲滯的諸多後遺症時，台灣人對台灣這塊土地的認同感，是否反而會受到更大的打擊？民心渙散的結果，是否會變成國防與國家安全更大的缺口？換言之，到底有形的武器（狹義的國防建設）比較能夠確保台灣的安全？還是將這些資源挹注在國防以外的建設上，凝聚無形的民心（廣義的國防建設）比較能夠強化台灣的國防？政府必須拿捏中間的平衡點，而不能僅從狹義的國防的角度去思索國防問題，無限上綱式地編列國防預算。

第三，精確定位總體戰略以撙節國防支出。我們的國防戰略定位，是要「維持兩岸戰力平衡」，還是「發展嚇阻性武力」即可？「樣樣好」最常的結果就是「樣樣無」，因為資源有限，必須擇要投入。

對台灣而言，發展嚇阻武力遠比維持戰力平衡更實際重要。我們來看一個數據：中國大陸國防預算的帳上金額是兩百二十三億美元，約為台灣的三倍（但據評估，中國大陸的國防預算應高達六百五十億美元）。可知在軍事戰力的比較上，台灣居於劣勢是當然的。

相較於維持戰力平衡這個會耗盡國家財力的不可能任務，發展嚇阻性武力是比較可行的方法。簡言之，這仍是一種預防戰爭的思惟，透過增加大陸當局犯台顧忌，使其降低武力犯台的可能性。

例如最近頗受矚目的潛艦採購，筆者認為即屬必要，讓台灣具有在大陸當局犯台時，發動對其沿岸城市港口進行報復攻擊的能力，使大陸當局在考慮戰爭風險後，減少出兵可能。相對地，飛彈防御系統的建置，卻顯得不實際。據報導，參謀本部研判，台灣本島可承受的飛彈攻擊量為九十六枚，然而共軍對台部署的M九飛彈卻高達三百枚，發射後七分鐘就可到達台灣本島，並且以每年增加一百枚的速度深化威脅。實際上我們不可能發展出一套滴水不漏的飛彈防御網，來應對大陸當局可能採取的飽和式飛彈攻擊。既然擋不住，那麼這樣的投資就不具實質意義。與其花費巨資發展這樣的飛彈防御系統，不如用較少的經費，發展具嚇阻能力的中程飛彈，來增加大陸當局犯台的顧慮。

第四，設計多重目的的國防政策。行政院擬定「國防科技工業深植民間之產業發展策略」，預計五年內可望釋出新台幣一千兩百億元的商機，以期盼國防科技工業深植民間工業。這個方向是正確的。惟和民間結合的國防產業發展，並不是今天才開始做的，只是過去的成效不彰，因此重點應在如何落實這樣的想法。

國防預算，可以和民間投資與科技研發結合，亦即藉由國防預算在武器研發或採購上的投入，賦予其一定的經濟目標，帶動國內的產業發展、技術進步，以提升台灣的經濟競爭力。這又可分對內與對外兩種作為方向。在對內方面，應增加向國內廠商進行武器採購或委託研發的預算比例；對外方面，則可在對外軍購合約上，設計補償性採購措施的規定。例如，當外國軍火商標得一千億元的武器預算，該外國軍火商必須撥出其一定比例的預算，向國內的廠商採購相關零件或技術。若國內該產業並不成熟，政府則可以相對提撥一定規模的預算去扶植相關產業。

最後，用納稅人的錢建構國防，就該充分揭露相關資訊，告訴國人為什麼需要這些錢，即使它可能會排擠到其他公共政策預算。明顯地，國內從沒有一個制度化的資訊管道，讓人民瞭解什麼樣的國防預算規模對台灣是適當的。在國家財政困難的此時，急需建立一個檢驗國防預算的客觀標準，去判斷目前我國的國防預算最適規模與配置，才能使每一分國防預算都花在刀口上。

之二

夏馨「愚蠢說」也許是對的

刊於《聯合報》二〇〇三年十一月十九日

美國在台協會理事主席夏馨批評台灣花大錢購買潛艦實在很蠢，引起朝野反彈。但順著夏馨的「愚蠢說」，筆者倒有另一個感覺，也許，夏馨是對的。為什麼呢？讓我們來「素描」一下台灣的財政景象。國債將近十一兆，各地方縣市的財政問題日趨嚴重，有些縣市連縣府員工的薪水都快發不出來；政府教育經費不足，使得學費年年上漲，一般受薪家庭無法負擔，也引發一波波反高學費的運動；教師因政府的退撫預算不足，必須用下跪陳情、裝瘋、裝病來「爭取」退休；全民健保財務失衡，行政院斷然宣布健保雙漲，引起輿情反彈；杉林鄉繳不起兩百六十四萬元的路燈電費，鄉庫面臨查封窘境；美濃鎮發不出薪水……。這些事件都警告我們，政府財政已極為嚴峻。截至九十二年度，中央政府的債務餘額為新台幣三兆兩千多億元，若將政府全部未償還的債務及隱藏債務加總，則台灣的國債已將近十一兆，佔國民生產毛額的百分之一百一十一點四。也就是一整年的國民生產毛額拿來償債都不夠。然而，儘管財政如此困窘，經濟、社福、教育等諸多預算支應左支右絀，軍購、國防上的出手卻是大方依然，每年兩千六百億的國防支出，動輒幾千億的國防採購計畫。為什麼會有這幅矛盾的景象？只有兩種可能，一是政府有不得已的「苦衷」，一就是如同夏馨說的，政府「很蠢」——不能碰觸的禁忌。

長久以來，龐大國防預算，是個不能觸碰的禁忌，一方面是因為涉及龐大的利益，任何對國防預算的質疑，都會因為牴觸這個利益而遭遇阻力。更重要的是，在中共不放棄武力解決台灣問題的陰影下，台灣總是有一種很理所當然的政治氣氛，就是，誰敢去質疑國防預算太高，就會被懷疑他是不是別有用心的賣台分子。於是，即使國家再窮，面對中共強勢的軍備，在追求戰力平衡的考量下，國防預算還是不能少，甚至連談都不能談。過去台灣的經濟繁榮，高額國防預算不是什麼大問題。然而今天的政府已非過去那個金山銀庫，還有餘力每年花兩千六百億元的國防預算和中共做軍備競賽嗎？兩千六百億可以供應五百萬名公立大學學生或二百七十萬名私立大學學生一年的學雜費；可以讓十幾萬名國小老師順利退休；可以讓杉林鄉繳十萬年路燈電費……

我們不讓這種種的「可以」變成真的「可以」，為什麼呢？說穿了，就是擔心中共。這大概就是所謂的政府的苦衷，只是筆者要問的是這個苦衷，值得我們花多少代價去揹負？如果冒著財政崩盤的危險，去預防一場不必然發生或有其他方式避免發生的戰爭，到底值不值得？尋找經濟式的結合在開源無著、節流不易的情況下，政府就必須在諸多支出項目中，一方面進行取捨，一方面透過縝密的計算，是不是有更經濟的方法，去達成相同的政策目的。

換言之，龐大的國防預算，應該把它拿來和教育、社福、公共建設等諸多預算對比一下，看看誰最具急迫性；或者更深一步地檢視，即使國防預算具有較高的急迫性，是否有更經濟的方式；或者將國防預算結合其他公共部門，例如經濟部門或商貿部門，將同一筆預算支出，賦予多功的政策功能；或者，試著找出在達到相同國防目的的情況下，有沒有成本較低的方法，例如努力改善兩岸關係，降低彼此敵意？

其實夏馨的愚蠢說，指的是台灣買潛艦很蠢，她的意思是，台灣應該買其他更全方位也更貴的武器系統。她把國防比喻為保險，認為台灣應保全險，而不是只保重大傷病險！這實在是很弔詭的說法，中共有可能犯台，所以我們就要以最高規格的武器配備（全險）來和中共做軍備競賽？這有可能的機率是多少呢？所謂的全險，就真的能擋下中共的軍隊？要知道，即使我們每年花上兩千六百億的國防預算，中共的軍費仍高我們三倍。這些都是我們應該思考的問題，但也是朝野政治人物怕被戴上紅帽子而不敢思考也不敢問的問題。最近公投立法正積極展開中，筆者認為巨額的國防預算應該優先拿來作為公投的議題，讓全民來投票，看看每年的兩千六百億元經費，到底該拿來買武器？還是拿來拚經濟、增加社會福利？讓人民自己來決定，人民要的是什麼。

之三

複雜的國防，簡化的題目——公投資訊不清，票怎麼投？

刊於《聯合報》，二〇〇四年一月二十日

陳水扁總統提出兩個公投問題，其中第二個問題談的是兩岸協商，這部分筆者不多作評論，但第一個問題「增購反飛彈裝備」，爭議較大，筆者且從程序與實質兩個面向分剖。

在程序面向上，最受爭議的地方，也是在野黨抨擊最烈的一點，是適法性的問題。依公投法第十七條的規定，總統的公投提案，必須是在「當國家遭受外力威脅，致國家主權有改變之虞」的情況下才能發動。中國大陸對台的飛彈部署是否就可以解釋為「外力威脅」，且這個外力威脅是否有「致國家主權有改變之虞」？

這部分，在野黨已提請大法官會議解釋，法律上到底誰是誰非，我們不妨靜待大法官的法律把關。

在公投的實質意義面向上，朝野則把爭論焦點鎖在「必要性」上，在野黨認為，這個公投案是全民共識，一定會通過，實在不需要耗資五億舉行。筆者則有不同的看法，陳總統的公投提案最大的問題，並不在於那是不是個一定會通過的全民共識，而是在於這個公投提案的文字設計，揭露的資訊並不充分，所以很可能會誤導全民達成一個假的共識。

第一個公投題包含了兩段敘述，一是前提事實敘述，即「中國未放棄武力」；一是應對方案敘述「增購反飛彈裝備」，以面對這個威脅。中國部署飛彈、不放棄武力犯台固然是個進行中的事實，這一點多數人都同意，但這個事實卻未必可以導出應該贊成增購反飛彈裝備的提案。

怎麼說呢？我用另一個問題來問大家好了。如果有一道公投題目是：「住高雄的你非到台北不可，請問你是否贊成坐火車去台北？」即使這個前提成立，坐火車也未必是到台北唯一、最好的選擇。如果我想搭飛機去台北的話，我該投贊成票？

還是反對票？教民眾怎麼選呢？

同樣地，即使「中國武力威脅存在」，「購置反飛彈防禦系統」也未必是應對這個武力威脅唯一、最好的選擇。我們可以試圖發展更良性的兩岸關係，降低敵意，這是另外一種選擇（這可能才是最好的選擇）。就算心裡還是覺得不安全，也可以有不同的武器建置選擇，購置反飛彈裝備並不是唯一的選擇。

複雜的國防問題，竟被這簡簡單單、三言兩語的公投文字一筆帶過，那我們還需要國防部的存在嗎？說得更精確一點，若干國防專家，甚至覺得反飛彈系統根本不該是優先建置的目標，因為它太消極被動，而且攔截成本高，攔截率也頗值得懷疑。對目前的台灣而言，發展嚇阻性防衛武力，透過增加中共犯台代價，降低其犯台可能性，可能要比這個純粹被動防禦的武器建構有效果得多。或至少，政府應在公投前先告訴國人，所欲採購的系統攔截率是多少？攔截成本相對於發射成本的比率？這樣的系統建置比起其他的國防武器系統建置是否更經濟、更有實效？但這些資訊，明顯地，都不在這個公投問題的設計文字內。

而另外一個沒有被公投文字所包括的必要背景資訊則是，羊毛出在羊身上！政府有沒有告訴民眾，如果這些買武器的錢省下來，我們可以用來減免大學生的學雜費、照顧更多清寒無依的老人孩童、蓋更多的公路、公園或體育場、減免人民的健保費、調降受薪階級的所得稅……，政府有沒有在這個極簡化的公投文字中告訴人民這些資訊呢？我們試比較以下的兩個問題，如果你是問：「在中共不放棄武力犯台的情況下，我們應購置反飛彈裝備。」的確，很可能不少人會投贊成票。但如果你把問題改成：「在中共不放棄武力犯台的情況下，我們應購置反飛彈裝備。但這些要花XX億元的裝備支出，可能會排擠政府有限的財政支出（減少社會福利、教育經費、經濟建設），或增加人民的納稅負擔。」相信，你就不會那麼有把握，多數人民還是會支持把錢花在購買反飛彈裝備上了吧！

以執政黨必辦公投的決心，這將是台灣第一次舉辦且是歷史性的公投。公民投票是國民意志的展現，超越了立法、超越了代議政治，是何等嚴肅的問題。在資訊揭露未充分的情況下，輕率的公投文字設計，將會陷選民於錯誤，而導致錯誤的票決判斷與票決結果，讓國民的意志、社會資源的分配受到扭曲，這才是政府提出這個簡化的公投題目最嚴重、最應該被重視的問題。亡羊補牢，為時未晚，就算這個公投非辦不可，也請政府充分地公布相關資訊，讓人民在充分瞭解可能選擇的利害得失的情況下，投下最符合內心真意的一票。

之四

綠神藍佛，誰救那一家四口？

刊於《聯合報》，二〇〇四年二月二十八日

我們的社會似乎快分成了兩條永不交集的平行線，特別是在這熱鬧繽紛的總統大選時節。

一條線高高地掛在九天雲外，在那頂端的政治人物都被漆上了藍與綠兩種顏色，每日每夜重複著同樣的喧鬧爭騰，統獨、公投、意識糾結、家產家暴、權位名利……看似熱鬧，卻像極了一個虛擬的神話，每一尊綠神與藍佛，在意的只是如何爭得奧林匹斯山上那只象徵不世榮威的權力之杖，不沾一絲一毫塵間的污泥。

另一條線，則深深地埋藏在地心深處，許許多多弱勢的平民百姓，身陷在那地底的幽府中，不論如何的呼號哭泣，都像是一陣永不見天日的沉悶嘆息，別奢望可以上達天聽，就算偶爾竄出了地面，也會被神佛們視為不潔的惡兆，又狠狠地被踹回地底深處。這兩條線，從不交集。

一家四口，在流浪數日後集體在中正紀念堂割腕喝農藥自殺，就如苦主所說的：「真的是走投無路、沒有退路，才會相約一起自殺。」我們這個自詡進步、富足與公義的社會，曾幾何時，可以把身處其中的人民逼至如此絕境？要知道，這家人的悲劇並非個案，每日攤開報紙，攜子自殺、燒炭自絕、引爆瓦斯傷及無辜……

這些悲劇或導源於不景氣的經濟環境，使得當事人長期處在失業困局之中，生活無以為繼；或導源於不公義的社會環境，使當事人處在當權者的欺壓之中，心中怨憤填膺；或導源於日漸失序的社會治安，使當事人或被詐財或因被地下錢莊逼債而走上了絕路。當新聞版面登載出一次比一次激烈的自殺新聞時，只要是心中稍有良知的人，相信都會掩不住心中的那一陣絞痛，那都是這些無助的百姓以生命為代價對社會發出一次又一次的最後怒吼。

是什麼樣的絕地，讓那麼多人選擇走上生命的末路？千萬不要用「他們不努力」作為社會冷漠的藉口，他們不是不努力，而是社會根本沒有給他們「努力」的機會。若不是社會糾結在一片片蕭條與混亂之中，讓這些人身陷各種無以名狀的絕望和悲哀的話，誰願意走上這極端的絕境？

而被我們選出來的政治菁英、人民領袖啊！你們的心不也是肉做的嗎？何以能夠就這麼無動於衷呢？難道要等到人民的淚泛成彌天洪濤、血滾成驚天駭浪的時候，才能讓你們冷若冰石的心稍稍撼動嗎？說真的，手掌國家公器、坐擁權力資源的政治人物們，你們知道自己的身上揹負著多少責任與期待嗎？為什麼不善用你們那令人豔羨的力量，去幫助更多的人走出苦難的陰霾，去撫慰那些受創的靈魂！事實上，只要政治人物善用手上那把分配資源的利刃，多撥一些資源去照顧弱勢，很多人間悲劇就可以因此阻遏或消解於未然。

舉例來說，筆者對每年兩千六百億的國防預算一直耿耿於懷，也曾多次撰文呼籲政府與社會各界，希望大家能認真思考，這龐大的支出相襯於政府高築的債台，相襯於國內有待經濟投資來提振的低迷景氣，相襯於有待強化警力來遏止的犯罪增長，相襯於社會福利、教育投資、弱勢照顧等林林總總的施政項目，這高昂的國防預算到底值是不值？當政府設立了特定假想敵而不斷增高國防支出的同時，對那些禁不起失業、受害於犯罪的人民來說，假想敵兵卒未出，他們卻已倒地不起，這不是一件弔詭而荒謬的事嗎？國之內防（人民的基本福祉、生命尊嚴）都作不好，還能奢求作好國之外防嗎？

我不知道這微弱的呼籲是否可能讓政治人物那高高在上的線軌斜向人間，但我總是抱著一點小小的希望，希望政治人物有一天能分出一些真正的關心給這些弱勢無助的人民，為著這些人民，善盡為政者的責任。人生在世，不過短短數十載，何必把名利權位當成生命的唯一價值！在政治人物的手上握住可以左右家國大事的權符的時候，為什麼不能向自己心中的良知負責？為什麼不能把「人飢己飢、人溺己溺」這八個字當成心中至高目標，善用手上的權柄，去建構更公義、公平、和諧、幸福的祥和社會呢？期待未來主政者的心能夠「軟一點」向著人民，這樣人民的生活依靠與生命力量也許才能「硬一些」吧！

之五

贏了刀劍，輸了自己

刊於《自由時報》，二〇〇四年六月七日

雲林地方法院今年少年安置輔導經費無以為繼，為幫助這些誤入歧途孩子，地院少年觀護人林啓村自掏腰包支付安置費用。當縣府召開少年中途之家籌備會議，來自澳洲的何禮翰神父更為了經費問題難解，可能造成行為偏差少年得交付感訓，一度落淚；宜蘭縣六十八歲的婦人徐游柳，經濟不寬裕，靠著亡夫生前月退俸每月一萬多元生活，常撿食別人不要的水果和青菜度日，卻把省下來的錢用來賑災、買米糧濟助有需要的人、參與濟貧活動、捐書給小學等；住在彰化安養中心、八十六歲祖籍陝西的老榮民王鈞忠捐出畢生積蓄，他說要用這筆錢來照顧需要幫助的人。王老先生並非特例，在同一個安養中心，另有一位老榮民因自己年少失學，他希望彰化的孩子不要因為貧窮而無法升學，所以捐了兩百萬元給彰化高中當獎學金。

以上的三則故事，讓我想到了印度宗教哲學家奧修曾說的一句話：「世界上沒有一個人——不管他是多麼貧窮——會沒有東西可以貢獻。」

這社會有許多人，就如同這三則故事裡的主角，即使知道自己手上的力量有多麼的微小，也仍無私無我地將他僅有的力量全數掏空，拿出來幫助世界上比他更困苦的人。這群人奉獻的其實不是金錢，而是一顆慈愛的、善良的、悲憫的、偉大的心。正因為社會裡還有這些純潔的心，我們才能從許多令人聞而沮喪的、負面的社會新聞裡，找到希望與慰藉。

只是，筆者那因著這些溫馨光熱所激起希望和慰藉，不知為何，總是揪著一些很悶的心痛與無奈，因為筆者總不禁感慨，為什麼這些升斗平民，能不吝於將手上微薄卻已是全部的力量全數付出；而我們政府，卻能無視這個社會正有無數的傷苦在四方蔓延？

當政府六千億的軍購經費編入預算書的同時，這個社會的大多數弱勢族群、殘障朋友、失學失依或失怙的孩童、獨居或臥病在床的老人，這些傷苦無奈的人民，只怕永遠被埋在那冰冷預算書的陰影之下，輾轉反側、不見天日了。

六千億可以用來進行三千萬人次的少年安置；可以提供相當於王鈞忠先生四十六萬倍以及年收入僅十二萬的徐游柳女士的五百萬倍的助人能量。若把這些軍購預算拿來濟苦扶弱，那將會創造多少燦爛的笑容，挽回多少無奈的悲劇？政府自以為買到了武器就買到了安全，殊不知那殘忍的政策之刃，讓許多社會弱勢的一群，還用不著敵人槍砲臨身，就已成了犧牲品，那是件多麼可悲而弔詭的事情！

母親節前夕，新樓醫院麻豆分院三名就讀國中、小學的姊妹，拿著鮮花到醫院探望車禍重傷的母親，因為不久前的一場車禍奪去她們父親黃國描的生命，也讓母親重傷臥床，留下四位當在就讀國中國小的女兒，面對無著的醫藥費與頓失依靠的未來；台東縣民王日發先生過世，留下三名年幼的子女與中風的外祖母，全家生活陷入困境，地方慈善人士獲悉後致贈兩萬元慰問金，盼能拋磚引玉；花蓮縣民馬運年靠微薄薪水扛負一家十三口的經濟重擔，卻因病過世，留下四名幼子、年近八旬的父母、因車禍成為植物人的弟弟、中風的弟媳、三名年幼的姪子，以及沒有固定工作的妻子，一家十二口生活陷入困境，靠採野菜、地瓜或鄰居送東西維生，處境堪憐。

這點點滴滴的悽苦，在報章之間可說是俯拾皆是。有時，這些困苦的故事能上媒體版面已是一種不幸之中的小小幸運，因為終究多少可以帶來一些義助，而更悽惻的則是那些根本躍不上版面的悲傷故事，他們只能自求多福。

六千億實在不是個小數目，況且這還不包括每年既定支出的上千億國防預算在內。因為這個龐大的軍費支出所造成其他政府部門支出，特別是社會福利部門支出的排擠幾乎是必然的。如果政府真的認為這些軍事支出比人民的痛苦要重要，起碼也該認真地告訴人民為什麼。

諾貝爾文學獎得主泰戈爾曾說：「他把刀劍當作他的上帝。當他的刀劍勝利的時候他卻輸掉了自己。」當我們將國家安全無限上綱，使得六千億軍購勝利（預算通過）時，是否想過，我們會輸掉什麼呢？

之六

台灣利益最大化——拚軍購或釋善意？

刊於《聯合報》，二〇〇四年七月二十六日

日前《商周》民調，四成三民眾不贊成「政府花很多預算向外國採購武器」，略高於贊成的四成二五。可見在部分民間團體的宣揚之下，人民對高昂而弔詭的軍購政策，已漸漸開始進行反思。

在論述反軍購之前，三件事必須承認，才能明確說明反六千億軍購的核心理念。第一，它會削弱台灣形式上的軍事力量；第二，台灣和美國的友好關係會受到一定的影響；第三，這樣的主張有利於中共。

第一，為了增加形式上的軍事力量，就該支持六千億軍購？

試問，若美伊開戰前的伊拉克把軍費提高三倍，能阻擋美國攻擊嗎？亦即伊拉克若要和軍事超強的美國做軍備競賽，會是聰明的做法嗎？若否，那麼台灣和軍事強權之一的中國大陸進行軍備競賽，會是正確的嗎？

再問，財政不是取之不盡的聚寶盒，軍費愈多，經濟民生排擠愈高，終會動搖國本。換言之，軍費提高表面上增加了形式軍事力量，實際上卻會因為國力耗弱，反而減損國防能力。美國雷根總統時代，以「太空戰爭」為名，誤導蘇聯投入過度軍費進行軍備競賽，使財政加速惡化，是間接導致蘇聯解體的原因之一，歷史之鑒，能不察焉？

三問，針對南京軍區的對台導彈，我們斥資天文數字買「反飛彈」，那麼中共將其他六軍區的導彈移對台灣時，我們是否要繼續在反飛彈投資上加碼？況且導彈的建置成本係低於反飛彈系統的建置成本，那麼中共只需增設導彈，不就可以拖垮台灣財政？

第二，有人說軍購是為了買美國的「保護」。一九五四年我國曾與美國簽訂中美共同防禦條約，美國負有防衛台灣的法律義務，但此一條約已隨美國承認中共，而於一九七九年終止。問題來了，一個對台灣沒有負擔法律上防衛義務的美國，我們到底憑藉哪一點，認為一旦中共犯台，美國會實際出兵，協助台灣防禦？換作你是美國的領導人或人民，在衡量和中共開戰可能導致的集體毀滅後果後，你會為台灣而向中共宣戰嗎？要撥六千億或更多的錢換得美國的協防，可以，能否請美國作出保護承諾，重簽共同防禦條約，讓台灣人民安心呢？

第三，不讓中共得利，就該支持六千億軍購？

中共利益最小化不等於台灣利益最大化。大家常說中共未放棄武力犯台，對台灣有敵意，這是事實，但這不代表對中共好的，對台灣就一定不好。兩岸彼此在政治認知上有嫌隙，不等於兩岸在利益追求上必然是零和的。如果我們把更多力量放在追求可以帶給彼此雙贏的事情上，例如強化兩岸在經濟、文化的全面交流，不但能促進雙方共存共榮，更能把彼此的誤會與敵意，一點一滴地消除。這一點，大家一定要把情緒因素排除掉才能看得清。何謂台灣利益最大化，或無標準答案，但「不要戰爭」應該是沒有爭議的。若然，就該想想軍備競賽到底會使得戰爭發生的機率增加還是減少呢？

來看看德國和法國的例子。德法自一八七〇年代發生普法戰爭後，一直是歐洲爆發大規模戰爭的火藥桶。兩國持續百年的敵意，給了彼此不斷升高軍備的理由，然後，在恐懼對方不斷增加的武力陰影下，終有一方忍不住先動手，而爆發了一次比一次激烈的戰爭。直到雙方有朝覺悟，結成了歐洲媒鋼組織（歐盟的前身），把經濟綁在一起，讓彼此的利益融和無分時，戰爭才真正的遠離了德法。同樣地，歷史告訴我們，兩岸和平無法從軍備競賽中獲得，要和平，促進善意交流是唯一路徑。

有人會說，不是我們不善意，是中共不放棄敵意！捫心自問，我們真的沒有「不善意」嗎？看看政治人物對大陸政府的激情語言；看看對大陸人民的歧視措施；看看我們如何把一切和大陸有關的事物都視為洪水猛獸吧！我們真的做到善意嗎？中共未放棄敵意，這個事實並非讓我們拿來當成阻擋善意促進的藉口，而應作為我們力圖扭轉的目標。也就是，為著台灣的安全，應該努力地降低對岸的敵意。視之為友，至少有機會成為朋友，但若視之為敵，就必然是敵人！這是筆者送給兩岸政府的話！

最後，本文並非認為台灣不需要國防，反對的只是動搖國本、盲目的軍備競賽，因為那不僅不會促進和平，反而會拖垮自己並增加戰爭的可能性！「大者以力，小者以智」，面對日益強大的中國大陸，台灣採取「小者以力」的姿態，實在不是一件聰明的事。

之七

政府必須窮盡一切，避戰

刊於《聯合報》，二〇〇四年八月十一日

一九四九年，一位年輕將軍，帶著妻子和四個孩子來到台灣，那時國共戰爭已近尾聲，國民黨軍隊在大陸的作戰已全面失敗。然而，那位才到台灣的軍官，卻接獲指令，要他返回大陸參戰增援，身為軍人的他，只有拋下他深愛的妻兒，從香港輾轉地到了西南方。

不久，噩耗傳來，年輕將軍戰死沙場，年方三十八，留下無依的妻子，強忍喪夫之痛，含辛茹苦地扶養四個子女長大成人。那位年輕將軍，就是我的父親，他去世時，我才五歲。

父親因為無情的戰爭失去了生命，失去了陪著愛妻走過人生甜蜜歲月、看著子女開枝散葉的機會，而對我的母親和我們幾個兄弟姊妹來說，那更是永難撫平的傷痛。什麼是戰爭？這就是我所能理解的戰爭。

日前，呂副總統問阿妹（其實也是藉此問三軍將士、全體國民）在兩岸交火時，選擇哪一邊？雖然輿情反應激烈，筆者倒很認真地想了一遍，如果這個問題問的是我，我會作出如何的回答？

首先，政府少想了一件事情。人民選出政府，正是希望政府保證不會讓人民陷入戰火，面臨親人離散、家園頹圮的選擇。戰爭中人民選哪一邊，並非重點，重要的是政府必須窮盡一切努力，不讓戰爭在台灣發生。然而，政府有努力避戰嗎？

國共對峙時代，兩岸長期籠罩於戰爭陰影中。這樣的情勢，在九〇年代前後出現曙光。一九九〇年，筆者以紅十字會秘書長的身分和大陸紅十字會簽定金門協議時，我第一次感受到兩岸有可能從此遠離戰爭，接著筆者受命協助籌組海基會；隨後大陸也成立了海協會。筆者深信，兩岸華人必能拋開戰爭宿命，締造和平的歷史新頁。

然而，這一段黃金時期，卻維持了不到五年的時間。一九九四年李前總統接受日本記者訪問，自比摩西將帶台灣人民出埃及到應許之地，大陸方面的態度急轉而下。十年來，兩岸政府相互叫罵，無日而止，大陸方面文攻武嚇，台灣方面則整軍備戰，戰爭陰霾再次籠罩兩岸，所以副總統才會把兩岸關係解讀為準戰爭狀態。只是這情境，孰令致之？

執政者一定會說，那是部署飛彈武嚇台灣的中共之錯，不譴責中共，卻指責政府，其心可議。我們並不是不譴責中共，只是中共錯了，難道我們的政府就不該被批評嗎？敵意，常是一種循環，執政者捫心自問，兩岸今日的僵局，真的只是中共敵意造成的嗎？政府不曾助長這份敵意嗎？

以中共方面反對台獨的立場為例，雖然筆者認為台灣人民的未來，台灣人民應有權利表達意思。但將心比心，以大陸現在的政治成熟度，要他們不反台獨，是否也是強人之難？十年前兩岸交流的黃金時期，正是因為雙方有默契地迴避對方的難處，才有「一個中國，各自表述」的九二共識出現。筆者不解，政府為什麼硬是要將這個默契顛破，讓彼此的難處直接碰撞呢？在一中各表的模糊空間下，雖然委曲了獨派人士，但至少也沒有承諾立即統一，換得的是一個讓雙方緩衝的時間，也許等大陸更進步、更民主的時候，對台灣獨立也不那麼反彈的時候，再談獨立也可以啊！為何不給雙方轉圜時間呢？如果政府硬是要掀台獨這張敏感底牌，叫我們如何相信，政府是在努力避戰呢？

倘若，政府已盡一切努力避戰，最後仍面臨了戰爭，我會選擇支持政府。但若政府怠於避戰、坐任戰爭加臨台灣，如果我還能選擇的話，我痛苦的選擇將是遠離戰爭，我不會再讓加諸我父親和家人的悲劇重演，我選擇與我親愛的家人與朋友長相廝守，我固然不會為了中國共產黨去打一場統一的聖仗，也不會為了民主進步黨去打一場獨立的神戰。這時請執政者不要指責選擇遠離戰爭的人民「不愛國」，戰爭是你們起的釁，又如何要求人民拋家棄子、用生命去餵食你們所養放出來的戰爭惡獸⑱？

不妨去問問大多數的台灣人民，問問正在服役的三軍將士，問問把票投給執政黨的選民，甚至是支持台灣獨立的群眾，有多少人願意讓台灣成為戰場焦土？忍見父兄子弟戰死疆場、妻女姊妹顛沛流離？須知，一旦戰爭臨來，除了少數人有能力離開台灣，對大多數人而言，台灣是最後、唯一的棲身之所，甚至想逃離戰爭都不可能。

如果執政者真的憂懷民祉，就應把努力避戰，當成第一要務。當政治人物輕易地將戰爭懸諸口邊時，我都會想到我的父親，想到戰爭帶給我和我的母親、兄姊的終身至痛。我很清楚，我們的悲劇在那樣的時代中並不是個案，也清楚去計較那遺憾也沒有意義。但我必須更清楚地說，何其有幸身處台灣的我們，豈能不珍惜我們

⑱ 二〇〇四年八月十四日《聯合報》社論〈非戰家園：一個正在發展中的主流願景論述？〉曾援引筆者本段文字。

所擁有的和平幸福？千萬、千萬不要讓那個過去的悲劇，再在台灣這塊我們所心繫熱愛的家園土地上重演。

之八

美國，請重簽共同防禦條約

刊於《聯合報》，二〇〇四年十月七日

美國國防部副次長勞樂斯（Richard Lawless）表示，若軍購案不通過則顯示台灣的民主尚未成熟到國家安全超越黨派政治、「台灣更會被外國朋友視為負債，而非夥伴」。筆者能體會勞樂斯維護美國和台灣利益的說法，但當帳單是由台灣納稅人支付，他的話就得思之再三。

第一，軍購未過代表台灣不重視國家安全？六千億軍購當然不等於國家安全，國家安全繫諸對和平的善意、內政的修持、人民的自信和中國大陸的發展，而未必是軍購。政府財政不是聚寶盆，超出負荷，就會政府破產、舉國遭殃。最好的例子就是當年的蘇聯，其解體原因之一正是過度、不自量力地投入軍備。且台灣欲向美國購置的軍購項目，也不當然保證台灣國家安全需求。

第二，美國和「其他國家」會質疑台灣的國防承諾？筆者倒是好奇，除了美國以外，還有哪些國家關心台灣的安全？其實勞樂斯的說法，反而凸顯了一件事，台美之間已無共同防禦條約，美國對台灣沒有國際法上的防禦義務。如果勞樂斯真能代表美國說「美國政府堅定做台灣自衛的後盾」，並真的願意做台灣的夥伴，敬請美國政府和台灣重簽共同防禦條約，保證台灣這個夥伴的安全，那麼台灣的納稅人出六千億或更多預算買安全或許是值得的。

第三，反六千億軍購等於告訴北京「恫嚇是有效手段」？筆者倒覺得，「擁六千億軍購」只怕才是告訴北京恫嚇是有效手段。北京花一塊錢建導彈，台灣就至少要花四塊錢買反飛彈，還有比這更有效的恫嚇嗎？而勞樂斯的談話，也有恫嚇之意，用北京來恫嚇台灣向美國買武器。如果台灣人不勇敢對不合理說不，那麼來自中共與美國的雙邊恫嚇只怕才真的會像勞樂斯所說的，會「愈來愈多」。

第四，不支持軍購，就是民主不成熟、國家安全未超越黨派政治？這指控更是嚴重和離譜了。去年九月，筆者發表〈國防要有國防以外思考〉一文，當時筆者的學生說：「現在朝野政黨，均將軍事預算無限上綱為國家安全，老師寫這文章，不怕被戴上中共同路人的帽子嗎？」我答道：「毀譽由人，我只是盡知識分子的良知責任。」

一年過去了，反軍購從意見上的弱勢變為均勢，乃至於變成在民調上的多數意見。參與者涵蓋了獨派、統派、中立派，即便意識形態不同，仍能共同合作，這正是台灣民主成熟的難得表現。

在野黨原對六千億軍購只主張象徵性酌刪，後來因為反軍購民調上揚，在野黨嗅到了政治利益才轉向。將這個發自民間的人民自覺打成黨派之爭，對台灣民主才是一大污辱，也構成了美國對台灣內政的不當言論。或許外交部亦應表達對勞樂斯不當批評我國內政的抗議。

最後，反六千億軍購議題成敗，象徵著國內民主發展中超越統獨、藍綠的新契機，是台灣人民能否擺脫政治人物意識形態綁架的關鍵時刻，讓我們共同努力，大聲對雙邊恫嚇說「不！」

小結：從結果目的與階段目的看軍購

從目的而論，簡單區分的話，巨額軍購有兩個層面的目的，一是「結果面的目的」，一是「階段面的目的」。

我們先來看，什麼是「結果面的目的」。簡單來說，就是透過軍事投資，建構一支足以在中共武力犯台時，擊退敵人的國防武力。然而這樣的「結果目的」，我們有沒有可能透過天價式的國防預算達成呢？假設中共眞的對台動武，只有兩種結果，一是獲得慘勝，也就是我們擊退了來犯的敵人，但也因爲戰火的蹂躪，使得台灣五十年來的建設毀去大半。然而不論在兩岸軍事的質與量上作對比，即使是這種

「慘勝的樂觀」，要實現恐怕也不太容易。這不是洩自己的氣，畢竟從客觀環境來看，中國大陸擁有近十三億的人口，是台灣的五十餘倍；擁有九百六十萬平方公里的土地，是台灣的兩百六十餘倍；國民生產毛額約為一兆美元，約為台灣的三倍有餘；國防預算帳上金額是兩百二十三億美元，約為台灣的三倍，但據各國的評估，眞正的國防預算應高達六百五十億美元，更高達台灣的八倍。簡言之，在發展軍事的客觀條件上，台灣並非優勢的一方是很容易理解的。而最壞的結果是，我們根本擋不住，高額的國防投資變成一種明知不可爲而爲的虛耗。

從結果面的角度來看，不論是慘勝或是戰敗都不是我們所樂見的，而且這樣的軍事投資，還只是簡單從兩岸的發展軍事武力的客觀條件來分析，我們若想和中共進行軍備競賽，明顯地，將會把台灣推入本章以上幾篇評論文中一再強調的「財政透支的無底洞」。

再來看「階段面的目的」。巨額軍購，在階段面想要追求的目標有二，一是透過巨額軍購建構一個有嚇阻效果的防衛武力，一是以這樣的防衛武力來拖延戰事，以待國際介入（特別是美國）。

在達到嚇阻效果方面，由於我們投入了天文數字的軍購提升戰備，使得中共覺得武力犯台要付出相當代價，因此高額的國防預算可以形成嚇阻效果，使得中共不會輕易發動戰事。不能否認，這的確有一定的嚇阻效果，然而筆者仍舊有疑問的是，這樣的嚇阻效果，在台灣財政拮据的今天，有多高的急迫性？此外，嚇阻的終極目的是爲了預防戰爭，難道沒有其他更好的方法去預防戰爭嗎？

筆者以爲，眞要談嚇阻效果的話，台灣人民本身捍衛民主的決心有時反而會是最佳的嚇阻保證。因爲就算中共佔領了台灣，面對台灣人民不合作與抵制的決心，反而更得付出長期的、慘痛的代價，這才是眞正的嚇阻效果，也才是中共不想犯台最大的顧忌。中共並非對軍事佔領台灣沒信心，而是對佔領後仍能維持台灣的社會秩序、收服人心沒信心。今日的中國大陸，事事皆以發展經濟爲要務，二〇〇八年的奧運籌備、加入WTO後的法令銜接、持續地保持百分之七以上的經濟成長率等等，這些才是中國大陸的當前急務；對中國大陸而言，兩岸統一並不具迫切性。因此，不管是對中國大陸當局或中國大陸人來說，他們希望是和一個經濟富庶、寧和而有秩序的台灣統一，絕不是和一個混亂、凋敝、衝突四起的台灣統一。如果這些都不構成嚇阻，飛機軍艦就會成爲比較有效的嚇阻工具嗎？

當然，這種人民意志的嚇阻效果，究其實質，只是一種嚇阻效果的加成措施而不是替代措施，亦即它可以與發展嚇阻性的國防武力並存，構成加成效果，而非完全取代國防武力成爲保衛台灣的唯一依靠，這點是筆者必須特別說明的。

在拖延戰爭以待國際力量介入的目標上，這樣的目標實在依賴了太多的不確定性。首先，國際力量（特別是美國）眞的會介入嗎？是用什麼方式介入呢？口頭譴責？經濟制裁？加入戰爭？就算眞的會介入，而且是用有效的方式（參戰）介入，我們要拖多久才會使國際力量眞的介入？沒有人能給確切的答案。

其實這個目標，有兩個組成要素，一是「拖延戰事」，一是「期待國際介入」，前者有可能操之在我，後者完全是操之在人。我們不能一廂情願地以爲，我們做到了第一件事，第二件事就一定會發生。當然，從邏輯的角度，有人會說，也許做到第一件事，第二件事不一定會發生，但如果連第一件事都做不到的話，第二件事肯定不會發生。就算認同這樣的說法，所以我們還是該用善盡「操之在己」的「拖延戰略」，這仍可以回到嚇阻效果的討論中去看。我並不反對擁有國防武力，但國防預算規模的拿捏，在國家財政困難的此時，絕對是必須檢討的。

我認爲，促進和平才是治本的重點，爲什麼不把資源與心思花在「促進和平」，卻只會戒愼恐懼地去「期待戰爭」呢？中國大陸雖然還算不上民主的國家，但不可否認，他正朝向自由經濟的道路發展；中國大陸的執政者，以今比昔，也比十年前、二十年前的執政者更冷靜、更理性。如果兩岸在過去雙方執政者都較不理性的情形下，都能偃兵息武數十載，爲什麼今天大家思想開明了、決策理性了，卻反而沒有信心維持和平？當然，可能有人會認爲，在兩岸互動不良的現狀下，這種和平論太過天眞。但筆者卻認爲，和平期待並不是一個被動的結果，而是一個主動的誘因，也就是說，並不是因爲兩岸互動不良會使得和平變得不可能或困難；而應該說是，正因爲缺乏這種發自內心、眞正的「和平期待」，兩岸的互動才會顯得滯礙重重。

第十八章

數字的迷思

尋找正確的外交戰場

在這個戰場中，可憐的參戰者從不曾贏過一寸土地，更別說基於這樣的勝利而建立起穩固的佔領。

——康德（Immanuel Kant），《純粹理性批判》

長年以來，我國不斷地耗費巨資巨力地進行著外交戰。萬那杜（Vanuatu）搖擺於建交與不建交之間，終於還是未建交；格瑞那達（Grenade）反覆於斷交與不斷交之間，終於還是斷交了；諾魯（Nauru）忽而斷交，換了一個總統後又忽而建交，不知道再換到下一個總統時，是不是又會斷交。

於是，當邦交國數從二十六變成二十五時，外交部跳腳指責中共打壓、盟邦變成了無信之邦；當二十五變成二十六時，則成了外交大勝利，盟邦又成了禮義之邦。這些數字的跳動，使得台灣人民的生活變好了嗎？或眞的使得台灣的「國際地位」提升了嗎？對此筆者在報章上撰刊了兩篇文章，作了一些分析。

之一　激情的外交攻防之外

刊於《中國時報》，二〇〇四年九月十七日

當總統夫人的「團長身分之爭」，以及總統先生的「UN記者連線」成為新聞焦點時，另一則涉及台灣人民荷包的外交新聞——巴拉圭（Paraguay）媒體揭發該國前總統岡薩雷茲（Gonzalez）私吞台灣貸款——卻鮮有人關心。

五年前，友邦巴拉圭面臨財政困難，我國貸出四億美元，相當於一百三十多億元新台幣給巴國。這筆貸款在五年免息後，巴方仍無力償還，未來只怕是一筆呆帳。這則新聞凸顯了幾個問題：

第一，這類貸款壞帳只是歷年來外交攻防中冰山的一角而已。

第二，為了維持巴拉圭的邦交，除了美化邦交國數目外，台灣人民得到了什麼樣的實質好處？如果這一百三十多億元用來促進經濟以降低失業率，是否可以挽救一些失業家庭集體自殺的悲劇？可否拿來挹注社福，照顧真正弱勢？套句德國哲學家康德的話：「在這個戰場中，可憐的參戰者從不曾贏過一寸土地，更別說基於這樣的勝利而建立起穩固的佔領。」在政府永遠玩不膩的外交戰中，除了一再悲憤於中共打壓外，台灣到底贏得了什麼？

第三，若貸款確是用來濟助巴國黎庶，那也罷了。然而據報載，四億美元一撥出，就被抽挪五百萬美元當「手續費」，餘款用途也飽受質疑，其中一億美元更是下落不明，而引起巴國媒體質疑前總統私吞貸款。

政府怠於監督巴國的貸款運用，等於慷台灣人民之慨，中飽外國政客私囊。要貸款友邦，至少要建立類似世界銀行的貸款監督機制。例如，在事前要求借款國提出具體的貸款項目及可行性計畫，甚至要求借款國相對提撥一定比例的「國內配套資金」以確認其踐行計畫的誠意；事中，要求借款國專款專用，並接受我方定期監督，甚至採分期撥付的方式，依計畫完成進度撥付經費；事後，對整個貸款過程進行總結檢討，以作為爾後貸款與否的參考。

縱使在名義上是銀行貸款，但最後仍將由政府，也就是全體國人概括承受。政府官員怠於監督，就應追究其是否涉及瀆職、圖利等情事，以明責任。這種放任的態度，致令他國政客漁利，而我們花了大錢，非但可能得不到借款國人民的感激，反會被視為腐化他國政治的幫凶。

第四，巴拉圭的貸款案並非特例，不久前爆發的哥斯大黎加（Costa Rica）挪用我國的經援款項來支付外交部薪水，以及我國花了兩億台幣在巴拿馬（Panama）捐造的兒童博物館卻遭閒置等事件均如一轍。而這樣的作風，甚至可說是政府部門的普存現象。例如媒體披露，雪山隧道舉辦六次貫通典禮耗費數百萬元，官員的答覆是只辦四次，一次花費只有幾十萬元。如果那幾十萬元是自己的錢，官員還會用「只有」形容嗎？

此外，日前媒體一系列報導全國各地造價動輒數億元，卻閒置荒頹的公共設施，以及六千億元的軍購預算也是同理。政府似乎對這些天文數字花起來毫無所覺。只是台灣已非十年前那個財政充裕的富國，連財政部長林全也呼籲大家重視我國數以兆元計的財政赤字。如果政府在支的一端仍巨額地浪費公帑，買艦買砲買邦交；在收的一端，卻遲不落實公平稅制理念，無法擴大稅基——證所稅復徵遙遙無期、土地交易所得不但未能實價課稅，更反其道地將土增稅減半、對高科技產業不合理的減稅措施，以及軍教人員所得遲遲不能課稅等等，這基本格局如果沒有進一步突破，那麼財政破產的噩夢只怕不遠。

最後，近來由於爆發多起企業弊案，公司治理問題備受重視，然而，筆者認為相較之下，政府治理更是重要。因為公司股東尚有選擇結束股東身分的自由，但若政府治理不善，對大多數平民百姓而言，只怕連拋棄其人民身分的機會都沒有。因此，監督並要求政府官員善盡政府治理之責，珍惜納稅人繳出的每一分錢，實比空言拚外交更值得我們重視。

之二

走出邦交國數迷思，尋找正確的外交戰場

刊於《自由時報》，二〇〇四年十二月十日

報載，外交部長表示我國與萬那杜的邦交可能生變。其實，類似這種外交戰的戲碼，從國民黨政府執政時期，特別是一九七九年美國承認中國大陸以後，就一直存在。近年來，諸如貸給巴拉圭相當於一百三十多億元新台幣，這筆貸款在五年免息後，巴方仍無力償還，未來只怕是一筆呆帳；哥斯大黎加挪用我國的經援款項來支付外交部薪水；我國花了兩億台幣在巴拿馬捐造的兒童博物館卻遭閒置；大把大

把的鈔票捐到他國元首名下的私人基金會等等情事時有所聞。一次次地折了金錢，損了尊嚴。不知大家可曾想過，我們可能選的是一個「錯誤的戰場」呢？

報載，民進黨籍立法委員蕭美琴委員表示：「例如，賴比瑞亞政權遭到全世界唾棄，台灣卻仍須維持與賴國的關係，這些都是台灣的悲哀，也是台灣外交必須正視的問題。……大國不歡迎台灣支持某些政權不穩定甚至貪污、販毒的國家，台灣若不改變外交思惟將會被邊緣化。」這實在是很簡單的道理，如果，你是賴比瑞亞的人民，看到台灣資助國內腐敗的政客，你作何感想？「己所不欲，勿施於人」，如果，你不喜歡國內的官員是貪官污吏，就不要去別人的國家製造貪官污吏，不是嗎？

政府斤斤計較多一個邦交國或少一個邦交國，計較到無所不用其極，計較到在國外出盡洋相，計較到花錢賄賂他國首長敗壞其他國家的風紀。有沒有問過只怕連小學生都知道答案的問題：「我們叫不叫『中華民國（或台灣）』，幹嘛要萬那杜、賴比瑞亞、巴拿馬承認？」

從國際法的角度來看什麼是國家？一般都會援引一九三三年十二月二十六日蒙特維多關於國家權利與責任公約第一條規定作說明，該條列舉了下列國家的要素：「國家作為國際法人應具有下列資格：（一）固定的人群；（二）確定的疆界；

(三)政府;(四)與他國交往的能力。」其中第四項,「與他國交往的能力」,大概就是政府拚命買邦交的緣故。這可說是一種對國際法的認識不清。

首先,與他國交往的能力,未必是以邦交來衡量的。實質的外交關係如經貿關係或我國以各種經濟實體、貿易實體、漁業實體名義參與國際社會,或許更是一種「與他國交往能力」的展現。

其次,就算執迷於邦交,這形式條件中,也完全沒提及要有多少數量的邦交國才算成就第四條件。是一個,還是一百個?反正只是想達成象徵性的意義,那二十七個小國和一個小國的邦交有什麼差別?反正「有」就好了,不是嗎?因此就算要買這象徵性的形式邦交,我們也只需要買一個就夠了,何必讓二十幾個國家對台灣予取予求?而且從好的方面來看,集中力量、資源扶持一個國家,把台灣的民主、經濟經驗移轉給這一個國家,直接並實際地嘉惠該國的人民(而非政客),發展更堅實的邦誼,成為真正的兄弟之邦,這不是更有意義的事嗎?

第三,依照國際法承認理論的通說,係採宣示說,亦即台灣是不是一個主權獨立的國家,在國際法上並無仰賴於他國的承認。

筆者能體會政府想要讓「台灣走出去」、增加國際能見度的用心,但力氣實在是用錯了方向。如果那幾百億買邦交的錢,拿來賑濟世界各國的難民,資助全球愛滋病的防治,並以限制溫室氣體排放,對全球工業生產形成極大衝擊的「京都議定書」為例，其中即有以「植樹」扣減溫室氣體排放量計算的規定，政府也可以用龐大的買邦交經費去第三世界國家植樹，一則打造綠色國家形象，二可降低溫室氣體排放限制對產業的衝擊。

與其繼續這種「餓死自己卻枉作小人」的外交政策，政府實在應該好好善用有限的人民鈔票，作一些真正有益國家外交的事。

第四篇

新象

共同的善意和解

2005年4月29日，國民黨主席連戰（左）與中共領導人胡錦濤（右）在北京人民大會堂會面，國共兩黨歷史性的這一刻，等了近六十年。（AFP/TDI）

筆者著實認為，建構在「一個中國，各自表述」共識下的「一個中國原則」，已經是兩岸政府與人民再難尋得的「最大公約數」與「最大善意解」，不分藍綠，不問統獨，都不需要急著去否定這難得的「共同可能的善意交集」。

第十九章

交集與歧異

從一邊一國與一中原則，看統獨的可能同異

正確的主張，不會因為是特定人提出的就變成不正確；同樣不正確的主張，也不該因為是特定人提出來的就去無條件支持。不因人廢事，是論辯公共政策所應建立最基本也最重要的態度。

在前面的文章，已經指出了一個很有趣的現象，也就是藍綠陣營各擁統獨，然後互相對立，論辯彼此的主張，但兩方卻很少去思考一個更根本的問題，也就是「統獨的定義」。結果呢？常常會出現一種情形，就是原本大家主張的是相同的一件事，但藍軍把這件事解讀成「統」，而綠軍把這件事解讀成「獨」，於是雙方就開始吵了起來。其實，他們主張的很可能是同一件事，到底在吵什麼，兩邊都搞不清楚，卻虛耗了大半的力氣，在爭執一個相同的主張。

一邊一國 vs. 一中原則

我舉一個實際的例子，可以用來說明這種現象。

爲了因應總統大選，陳水扁總統提出了要以「一邊一國」對抗「一個中國（原則）」作爲競選主軸，藍軍初期的反應是進行批判，認爲這是典型的意識形態治國。

其實當陳總統提出要以一邊一國來對抗一中原則時，筆者腦中第一個浮起的想法是，一邊一國和一中原則眞的是對立而不相容的兩個主張嗎？這得從什麼是一中原則來解釋。一中原則放在兩岸都能接受的解釋交集（九二共識）來看，其眞意是「一個中國，各自表述」。白話一點來說，就是「什麼叫『一個中國』，兩岸雙方可以自行解釋」，這其實是一個很彈性也很進步的想法。

而中國大陸方面對於一個中國，其表述內涵，指的是「一國兩制」；台灣接受一中原則的主張（泛藍）者，其表述內涵指的則是「未來一中」。這就出現了對一中原則的分裂表述，但這樣的分裂表述，在兩岸之間是不構成太過明顯而立即的衝突的，因爲雙方都同意以「各自表述」作爲交集點，亦即，即使中國大陸方面主張一個中國指的是「一國兩制」，他並不反對台灣「不認爲」一個中國指的是一國兩制，也就是說，兩岸可以各就一個中國自設定義，但是也同時對對方可能不同於己的定義，保持一種縱不接受、仍能諒解的包容。

這種分裂表述雖不對兩岸造成困擾，卻對台灣內部的藍綠陣營製造了衝突點，因爲綠營對一中原則也有其定義，而他採取的是中國大陸的定義，也就是把一中原則等同一國兩制，然後再加以反對。而陳總統的「一邊一國」論，就是假想在這樣的一中原則下，形成的對抗性論述，表面上一邊一國論要對抗的是一中原則，實際上，一邊一國要對抗的是一國兩制。

有條件的未來一中

這就形成了一個弔詭的現象，實則，在台灣內部主張一中者，其表述內涵是

「未來一中」。具體來說，指有條件的、未來的中國統一，也就是有兩個重要內容：第一，統一指的絕不是現在；第二，統一是有條件的，通常這條件指的是中國大陸本身必須民主化並且縮小和台灣的經濟差距，只要這個條件沒有被滿足，兩岸就不會統一。

這樣的未來一中，其實很明確地表示了對一國兩制的否定，因爲一國兩制有兩點意義是我們不可能接受的：其一，一國兩制意謂著一種「主從關係」，中國大陸是主，台灣是從，這違反我們（不分藍綠）對兩岸是對等實體的基本要求；其二，一國兩制指的是「現在式」的統一實踐，而未來一中，指的則是「未來式」的統一期待。由此可知，藍營的未來一中對現狀台灣的定位，和綠營的主張是相同，亦即現狀的台灣是一個和中國大陸地位平等、主權獨立的國家，簡化這個說法，其實就是一邊一國。

因此，一邊一國眞的和一中原則牴觸嗎？嚴格來說，它和中國大陸以一國兩制作爲表述基礎的一中原則的確是牴觸的，因爲二者著重的定位均在現在，一國兩制指的是盡可能的現在式且有主從關係的統一，一邊一國指的是現狀上台灣與中國大陸是對等的主權國家。但和以未來一中作爲表述基礎的一中原則作對比，則一邊一國並不必然牴觸所謂的一中原則，因爲一個講的是現在是一邊一國，一個講的是未來的「一個中國」，表述時態不同，本就沒有牴觸問題。

不過，若陳總統所講的一邊一國不僅僅指的是「現在式」，也是「未來式」的話，即便未來的中國大陸民主化，經濟水平與台灣概同，仍堅決不與中國大陸統一，也就是要建立一個從「現在」到「未來」都與中國永不相涉的獨立國家。若然，這樣的一邊一國論是和「未來一中」相牴觸的。

而藍營對一邊一國論的初期反應，係建立在對立性思惟上，亦即只要是陳總統支持的，就是藍軍反對的。其實，現狀的一邊一國應是大多數國人所能接受的，這時主張相同的藍綠雙方到底在相互反對什麼呢？若陳總統的一邊一國論反應的是「未來式」，藍營自可以建一個可以被「未來一中」涵納「現在式」的一邊一國論，來和陳總統「未來式」的一邊一國論相互較勁。

從這個例子可以看出，若深究藍綠雙方所拋出的議題，常可發現這些敵對陣營丟出來的主張，未必眞的牴觸己方陣營的主張，或者並非「完全」牴觸，很可能在相當程度的範圍內就該議題而言，雙方主張是重疊的。因此眞的要論辯的話，應該作兩個階段的動件：第一階段，先找出重疊的部分，肯定對方在這個議題上，與自己重疊的主張，例如陳總統的一邊一國，如果指的是現狀的陳述或對一國兩制的反對，藍營不妨大方地表示，自己也是同樣這麼認爲；第二階段，才是針對彼此歧異的部分進行論辯攻防，爭取選民的認同。例如，若陳總統的一邊一國論陳述的不只是現在，也意謂著在未來不論中國大陸發展如何，仍要和中國「田無交，水無流」

圖 19-1 ：統獨主張可能的交集與歧異

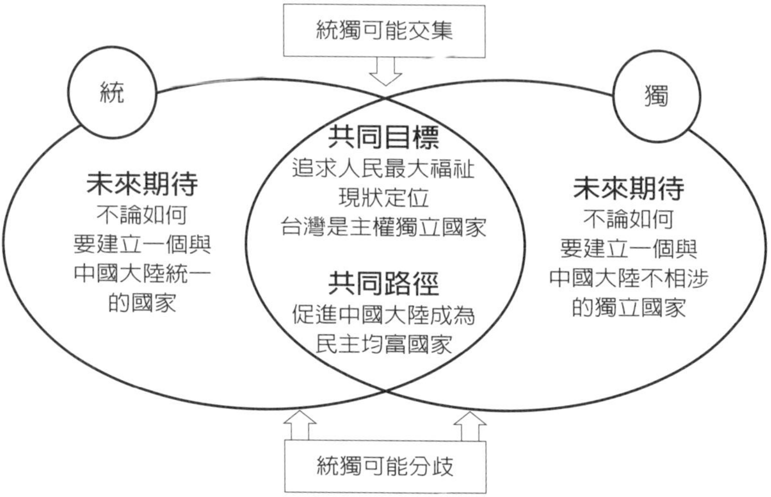
統獨可能交集
統
獨
共同目標
追求人民最大福祉
現狀定位
台灣是主權獨立國家
共同路徑
促進中國大陸成為
民主均富國家
未來期待
不論如何
要建立一個與
中國大陸統一
的國家
未來期待
不論如何
要建立一個與
中國大陸不相涉
的獨立國家
統獨可能分歧

的話，那麼藍營就可以針對這樣的未來定位，提出自己不同的看法，進行辯論。

統獨主張可能的交集與歧異

我們套回統獨的討論來繼續分析。

筆者簡單把統獨主張，「可能」[49]的交集與歧異歸納如圖19-1。

從上圖可知，在特定的統獨論述主張彼此間有時會有意見重疊的地方，這就是共識點，例如，大家之所以主張統一或主張獨立，可能共同的目標是要追求台灣人民的最大福祉；統獨雙方也均共同認爲，現狀的台灣是一個平等於中國大陸、主權獨立的國家；分析一下要實現統獨的方法，也認同不論追求統一還是獨立，中國大陸本身的民主化會是一個關鍵。先確認這些可能的共識點，就能減少不必要的爭議與虛耗，甚至可以藉由這些共識點，凝聚力量去突破原來的一些僵局。

在確認統獨的交集是什麼後，剩下的便是統獨主張分歧的部分，雙方再針對這些歧異的部分，各提論述，進行辯論，這樣才能夠集中討論焦點，向民眾仔細分剖究竟哪一個主張是對人民有利或人民應該接納的。

簡言之，雖然表面上，國內在面對統獨問題時，藍綠陣營的畫分很明顯，大家也吵得很厲害。然而，若認眞比較一下國內統獨陣營的主張，大家會發現，他們中間的差異並沒有想像的大。至少在現狀的認同上，雙方陣營大致不會否定台灣是個主權獨立的國家，和中國大陸是個對等的政治實體。因此，眞正的差別是在於「未來」，獨派的可能態度有兩種：一是堅定地否決未來和中國統一的可能，一是傾向建立一個不和中國統一的國家，並以這樣的傾向作爲「現在」台灣的施政方向；而統派的可能態度亦有二種：一是堅定地否決未來台灣獨立於中國之外成立新國家，一是傾向未來和中國統一，並以這樣的傾向作爲「現在」台灣的施政方向。這才是

㊾ 這裡假定的統獨論述，只是可能的一種論述。事實上，不同人對統獨議題，會有不同的論述內容。筆者這裡的假定，只是方便找出可能的交集與歧見，來進行對比分析。

國內統獨陣營眞正的差別所在。

筆者則以爲，未來的情勢變遷尙不明朗，實無必要在當下即堅決否定未來統一或獨立的可能性，何必在現在就把未來定死，甚至在現在就攤牌！至於所謂的「傾向獨立」和「傾向統一」，只是一種傾向，仍有接受反對意見的可能，所以彼此的差異也較小，在這小差異區間裡，會比較容易對話與論辯。

不因人廢事的討論態度

正確的主張，不會因爲是特定人提出的就變成不正確的，同樣地，不正確的主張，也不該因爲是特定人提出來，就去無條件的支持。不因人廢事，是論辯公共政策所應建立最基本也最重要態度。有時候，台灣的政治人物，特別是在統獨討論中，常常會忽略這樣一個基本的態度，流於「爲反對而反對」的無謂爭執。只因爲是對手陣營提出的主張，就本能式地加以反對。殊不知，訴之以理，在政治對手主張正確時，大方接受，展現自己的包容性與敏銳判斷力，才是說服選民支持自己的最好方法㊿。

㊿ 參拙文〈談統獨，先釐清統獨意義〉，《中國時報》，二〇〇三年八月二十三日。

第二十章

都是決心問題

獨立與統一都是決心問題

如果我們真的想要拓展外交空間，就應該要給自己一個足夠的、有智慧的期許，就是正面地透過與中國大陸交往與建立善意的互動和認知，來解除或降低中共在我國爭取外交空間時施與國際社會的壓力，只有直接地消解外交障礙壓力源，才比較容易獲得外交上的具體進展。

台灣和中國的關係，最初是建立在漢人移民到台灣的過程中，至於漢人從何時開始移民台灣已難作精確的考證，惟在漢族移民到台灣之前，台灣已有屬於南島語系的原住民部落數千年之久。

而台灣何時正式納入「中國」版圖呢？可以有兩個時間選項，第一個選項是一六六一年鄭成功代表已失去中國統治權的明朝，立台灣爲東都，赤崁爲承天府，置天興、萬年二縣，並於隔年擊敗自一六二四年開始佔領台灣的荷蘭人，取得在台灣實際的統治權。

第二個時間的選項，則是一六八三年，施琅領清軍入台，隔年清朝將台灣畫入福建省，直到中日甲午戰爭之前，台灣有將近二百多年的時間屬於清朝的版圖。

一八九五年，清朝因甲午戰敗簽訂馬關條約，將台灣割讓給日本，日本遂成爲台灣的統治者。然而五十年後，日本在第二次世界大戰爭敗給包括中國在內的同盟國，宣布無條件投降，遂「結束」(51)其對台灣的主權；而同盟國成員之一的中國，當時的統治者國民黨政府，基於一九四三年的開羅宣言與一九四五年的波茨坦宣言(52)，理所當然於一九四五年九月二日日本政府宣布投降並接受波茨坦宣言後，「收回」台灣。詎料，國民黨政府「收回」台灣之後不到五年，一九四九年國民黨政府在國共內戰中失敗，失去了對中國大陸的統治權，退守台灣，使國民黨政府的實際統治權僅及於台灣這塊剛剛收回的土地，而這樣的情況，竟延續至今達五十餘年。

相同歷史，不同解讀

這一段複雜的歷史，也加深了統獨論述的複雜性，也形成一種有趣的現象。認爲兩岸應統一者，會從這段歷史中，找出台灣屬於中國的理論基礎；然而，這相同的歷史，卻也同時提供了台獨主張者，證述台灣不屬於中國的論述基礎，形成各自取材、各取所需的現象。

我們先來看看，統一主張者的論述方式是什麼。

首先，自清初將台灣畫入中國版圖後，台灣是中國版圖中的一塊，這情況一直穩定地維持了二百年，直至甲午戰敗，清朝遂將台灣割讓予日本，使台灣脫離了中國的版圖。一九四五年，日本在第二次大戰中失敗，在日本戰敗之前，同盟國的領袖即於一九四一年發表了開羅宣言，規劃了一份戰勝的藍圖，其中一點就是要將台

---

(51) 日本是以什麼方式終止其對台灣的主權是有爭議的，有論者認為是「將台灣『歸還』中國」，有論者則主張，日本只是片面的「放棄」對台灣的主權，並未明確將台灣歸還給中國。筆者不打算在此作出價值論斷，故用較中性的詞彙「結束」，作為形容。

(52) 開羅宣言最重要的聲明之一即是，日本必須交還包括台灣在內，從中國佔得的領土；波茨坦宣言則確定開羅宣言中，包括日本應歸還台灣予中國在內等等這些聲明的實現。

灣歸還給中國。當同盟國對戰事進行變得更有把握時，復又於一九四五年發表了波茨坦宣言，再次確認開羅宣言的內容，亦即收台灣歸還中國。而嗣後不久，日本宣布投降，並接受波茨坦宣言。國民黨政府據此，於日軍手中接收台灣。

因此，認爲台灣屬於中國的一部分者，從這段歷史中，得到了一個連鎖式結論：日本投降，接受波茨坦宣言；波茨坦宣言確認了開羅宣言；開羅宣言聲明日本應將台灣歸還中國。從這三段的邏輯連繫，當然可以得出，日本投降的同時，即同意將台灣歸還中國。戰敗國（日本）有意願交還台灣予中國（接受波茨坦宣言），戰勝的同盟國間，彼此也有共識由中國接受台灣（開羅宣言與波茨坦宣言），中國（國民黨政府）也實際上接收並管領了台灣。由此可知，台灣於日本戰敗時即歸屬於中國，應無疑義。

獨立傾向者的「台灣地位未定論」

然而，傾向主張台灣獨立者卻不作此解。他們認爲，開羅宣言與波茨坦宣言都只是政策性聲明，並非具有拘束力的法律文件，因此其中並沒有當如何落實宣言內容（歸還台灣）的技術規定（如期日、交還程序），因此台灣並不因爲開羅宣言、波茨坦宣言以及日本投降時宣稱接受波茨坦宣言這些事件，而使其歸屬問題獲得確定的解決，必須等待「同盟國（不是只有中國）」和日本以具體的條約或協定來確定台灣的歸屬。因此，台灣是否屬於中國，就必須下溯到一九五一年舊金山和約與一九五二年中日和約的內容來看。然而，這兩個和約，日本都只表示放棄對台灣的所有權利，卻沒有明確指出，放棄後要交給誰[53]。由此，也就出現了所謂「台灣地位未定論」的論述，而認爲「台灣不屬於中國」。

當然，統獨雙方對這個環繞「台灣地位未定」還是「台灣地位已定」的題目，還有許多的證述，限於篇幅，筆者不再深論，但最核心的要旨，仍係圍繞在開羅宣言與波茨坦宣言的效力上，一方認爲其效力已足，一方則認爲其效力未足。

然而，從這些已經時隔五十餘年的歷史事件，眞的能導出台灣是否屬於中國的答案嗎？歷史的淵源如果當成作出統獨決策損益分析的參考，並無不可，例如以文化、血緣、語言相近等因素，作爲主張統一的加分項目。但要以之作爲「確定」台灣歸屬的判斷準據，就大有可議了。

---

[53] 這主要是因為當時的中國已經分裂，在極為複雜的政治糾葛中，對於台灣歸屬於誰，似乎有技術上處理的困難。例如，舊金山和會舉行之時，中國已經分裂為兩個敵對的政府，實際上兩方都沒有派任何代表參加舊金山和會，在當時，誰代表中國，本身就是問題。

歷史事件裡台灣地位的變化

我們先看主張台灣確定歸屬於中國的論述，其論述是否合宜。筆者以為，縱然那些歷史事件確如主張者所信情狀，已具體地決定了當時的台灣是歸屬於中國的，也未必能導出今日的台灣就非必歸屬中國不可的結論。

一百年前，中國敗於日本，讓出了台灣，當時的台灣確定屬於日本，然而五十年後，新的歷史事件（第二次世界大戰日本戰敗）發生，台灣又確定不屬於日本。由此可知，歷史本身會隨著時間創造出不同的條件與事件，使得本來以為「確定是」的事情，變成「不確定是」甚至「確定不是」。

縱令開羅宣言、波茨坦宣言以及日本投降，這些歷史事件確切地表明，當時的台灣是歸屬於中國的，但這五十年間兩岸分裂分治的事實情境，這「分治事實」也足以構成可以據以重新考慮台灣地位的「新的歷史事件」。

我們再來看台獨主張者所信奉「台灣地位未定論」的幾項問題。

第一個問題是邏輯問題，從「台灣地位未定」可以導出「台灣不屬於中國」嗎？應該只能導出台灣「未必」屬於中國這個結論而已吧！要直接連結成「台灣不屬於中國」，恐怕有跳躍式的斷言之嫌。

其次，開羅宣言與波茨坦宣言「不具法律效力」，也是一個自取所需的斷言。

如果開羅宣言中所稱的「將台灣交還中國」，仍會因爲不夠具體而成爲不具法律效力的政策性聲明，那麼什麼樣的文字敘述，才能夠稱爲具體的法律文件？眞的要人、事、時、地、物無一不列的文字敘述，才具有所謂的法律效力的話，那麼很多公約與協定的規定，恐怕都會在這嚴格的定義下，變成不具法律效力的「政策性聲明」。

第三點，也如同對「台灣地位已定」筆者所評論，由於歷史與時空環境的變遷及新的歷史因素，也會比這些舊的歷史陳述要更爲重要。

其實看待統獨的「決定」，可以有兩個面向：一是主觀面向，二是客觀面向。主觀面向，就是當事人自己怎麼看統獨的決定，包括台灣怎麼看自己的統獨決定，以及中國大陸怎麼看台灣的統獨決定。在這裡，我們先只談我們自己，也就是台灣人的角度。

主觀面向的核心要素是「決心」

主觀面向的看法，核心要素是什麼呢？筆者認爲，只有兩個字，就是「決心」，不管統一還是獨立，都只是台灣人民自己的決心問題，而不是法律問題。我們衡量與比較統一或獨立的優缺點以及各自的風險後，用決心去追求心裡目的利益，也用決心去承擔決定後的風險，如此而已。舉個例子來說，縱然中共威脅武力攻台，如果我們認爲台灣獨立更重要，即使承擔戰爭的風險也在所不惜，那麼宣布獨立的決心，是在我們自己，中共也管不了；他最多就是在我們宣布獨立後，也用他的決心，一下子作出兵台灣的決定。所以在這裡，法律的角度並不是重點，損益衡量後的「決心」才是指標。

客觀面向指的是國際社會的態度

什麼是客觀面向的看法，在這裡我指的是國際社會的態度。台灣地位已定與未定論述的環繞核心，其實是在於這個面向。他們要說服的是國際社會，因爲他們希望在他們從主觀面向下決心後，客觀面向能夠因爲法律意見的認同，而採取他們所希望見到的行爲，去支持他們所下的「決心」。

然而，國際社會之所以被說服，究竟是因爲這些各執己見、難言是非的法律論述，還是基於國際上的政治實力與政治利益，進行純粹的外交考慮？是頗堪玩味的。

事實上，不管國際社會怎麼看待台灣，台灣的確在一九四五年由國民黨政府以事實佔領的方式統治台灣，而這個政權在台灣推動民主政治，也建立了成熟的選舉制度，使得在台灣這塊土地上掌有治理權限的政府，不管是過去的國民黨政府或者今日的民進黨政府，都不再有人會去質疑這些政府治理台灣的合法性，因爲成熟的選舉已經將人民的同意賦予了執政者，使得他們擁有治理台灣的正當性。在台灣，有獨立的行政系統、司法系統、立法系統，有自己的軍隊與租稅。這些現狀的獨立，是連統一主張者也都不會去否認的事實，在這個層面上，台灣的確以一個至少是準於國家地位的政治實體存在著。國際社會並不是不知道這個事實，但仍不去承認台灣的國家地位，使得我們在擴展外交的過程中屢遇障礙，明顯地，就不是一種出於法律面的考慮，而是在中共強大的外交壓力下的政治考慮。所以這是一個現實的政治利益問題，很難單單依靠一套自圓其說的法律論述即可扭轉。

總之，筆者認爲台灣獨立與中國統一都是決心問題，這決心二字所依據的是一個精確的損益分析，去看看中國統一的好處、風險是什麼，也看看台灣獨立的好處、風險是什麼。歷史與法律的論述，在統獨問題中，都應該被單純化成爲一種在損益比較範疇下的功利分析工具；從歷史與法律的觀點中，找出主張統一或獨立的相對加分項與減分項，而不是據以作出最終且直接的判斷，作出像：因爲「台灣地位已定／未定」所以「台灣應該與中國統一／獨立」這樣的直斷式結論。

第二十一章

最大善意解

善用一中各表賦予的緩衝帶

摒除對中國這個名字的負面情緒（這部分是無解的），筆者著實認為，建構在「一個中國，各自表述」共識下的一個中國原則，已經是兩岸政府與人民再難尋得的「最大公約數」與「最大善意解」。

我可以理解，要主張台獨的人接受「一個中國原則」，在情感上是相當困難的，這一點我們在第六章已經作過一些討論。因爲對中國這個名字，許多台獨主張者是帶有一定程度的負面認知的，這主要和一些歷史因素有關。在這裡，我們先簡單歸納有哪幾個主要的負面認知：

第一，只要接受「一個中國（原則）」，大陸大，台灣小，我們就等於承認我們是它的地方政府。如果我們自己都承認我們是它的地方政府，又如何說服世界上其他國家，台灣是一個主權獨立的自主體？

第二，那個中國不放棄武力攻打台灣；那個中國打壓台灣的國際地位；那個中國屢屢恫嚇台灣人民。面對一個對台灣充滿惡意的中國，叫我們怎麼去接受這個名字呢？

第三，他們貧，我們富；他們落後，我們進步。對台灣而言，掛上中國這個名字還得常常被其他國家誤會我們和中國一樣落後。「進步的」台灣人，卻常常會被誤會成「落後的」中國人，眞是情何以堪？中國就好像一件破衣裳，穿戴在台灣這個富貴人身上，實在有些不稱頭。

這三種說法都只看到了問題的表象。

台灣地方化的疑慮

就第一個疑慮而言，接受一個中國，就等於承認我們是中國的地方政府（地方化）嗎？

這得分兩個方面，如果按照中國大陸當局對一個中國的解釋，亦即一個中國指的是一國兩制，那麼這樣的疑慮是有道理的。因爲一國兩制意謂著一種「主從關係」，也就是說，中國大陸是中央政府，而台灣僅是一個實施不同制度的地方政府，接受以一國兩制爲內涵的一個中國的確有被地方化的現象。

但這個疑慮建立的基礎（以中國大陸所定義的一個中國爲疑慮的對象）並不正確。這有兩點理由：其一是，一國兩制不要說台灣的獨派支持者不接受，統派支持者一樣不能接受，因此，不接受一國兩制對台灣的內部來說，這一點應是共識，不需要再去爭執；其二是，雖然中國大陸當局將一個中國定義成一國兩制，但在九二共識也就是「一個中國，各自表述」的默契下，大陸當局並不反對我們可以對一個中國有異於一國兩制以外的不同解釋，雖然不一定會接受那些解釋，但至少他賦予台灣方面不同於中國大陸對一個中國解釋，可以「各自表述」的空間。

由此可知，疑慮一個中國會不會造成台灣地方化的疑慮對象，不應該是「中國大陸的『一個中國解釋』」，而是要看台灣內部多數統一傾向者，是怎麼解釋一個中國。

這個台灣內部的一中解釋，大體上來說，可用「未來一中」，亦即有條件、未來的中國統一，作爲一種代表性的解釋。放在未來一中的架構來看，對台灣會被地方化的疑慮，其實就顯得相當不必要了。

一中「原則」的彈性空間

現在，我要談談，接受一個中國原則，可以讓台獨主張者寬心的最好情況會是如何。

什麼是原則？這是法學研究中最喜歡用的的兩個字，這個兩個字經常保有許多創造性的模糊空間，因此不但適合在強調周延的法學討論中使用，更適於在強調因時因地制宜、處處保持彈性的政治討論中加以運用。簡言之，所謂的原則指的是，在沒有例外發生的情況下，我們該如何如何。

那麼，什麼叫做「一個中國『原則』」呢？先不談所謂的一個中國可以有很多的意涵，即使把它簡化成部分台獨主張者最喜歡的一種投降式說法——被中國併呑，只要加上了原則二字，仍舊意謂著就算要被併呑是個原則，那也得沒有例外發生，原則才會被兌現。而什麼是例外？這就有很大的學問與彈性了。

一中各表是一個進步的包容性觀點

有些人常常會用蠻橫無理來形容中國大陸的執政者，這樣的形容貼切否，筆者先不置論，不過我倒是要在這裡冒個風險，幫這位蠻橫者說句話，其實大陸方面還是曾經作了一些很講理的事。

舉例來說，我在擔任海基會首任秘書長期間，和海基會的同事們循著李登輝前總統主政時通過的國家統一綱領所揭示的理性、和平、對等、互惠四大前提，透過多次與大陸方面的接觸談判，努力地異中求同，因爲我很清楚，只要彼此坦誠地交流、合作、協商，必能爲兩岸帶來共同的、更大的福祉。而事實上，我也不怕被套上「中共同路人」的大帽子，在和大陸方面的代表接觸過程中，雖然有時對岸會有許多不合理的堅持，但很多時候，對岸也的確展現了很多的彈性與誠意。

一九九一年，當時大陸方面一直強調「只有一個中國，台灣是中國的一部分」，隱隱然認爲台灣只是附屬於中華人民共和國的一部分，一個地方的政府而已。當我第一次以海基會秘書長的身分，受政府委任赴大陸訪問時，和大陸方面主管台灣事務的代表會面，我當即指出：「只有一個中國，沒有問題，台灣是中國的一部分，也沒有問題。但不要忘了，『大陸』也同樣是中國的『一部分』。只有台灣加上大陸後，那才有所謂的『一個中國』。」54

當時，大陸方面似尚未從這項對等的角度去思考一個中國的內容，故沒有立即回應。但隔天，中國大陸的國台辦主任王兆國即表示：「台灣與大陸都是中國領土的一部分。」55這至少表示，大陸方面從原來的「從屬論」（片面強調台灣是中國的一部分，以暗示台灣從屬於中華人民共和國），修正爲較有誠意的「對等論」（台灣與大陸同屬一個中國）56。

從這個角度來看，大陸並不是沒有妥協的可能性。就如同我以紅十字會秘書長身分與大陸方面，在一九九〇年簽署的金門協議中，全文全不觸及雙方的政治國名，僅有實質性的事務性協議。可見看似僵持的政治對峙，彼此間事實上存在著緩衝帶，只是這緩衝帶需要用智慧、同理、誠意、耐心與各讓一步的態度，才能找出來。

另外，大陸方面承認九二共識，接受「一個中國，各自表述」作爲認知一個中國原則的兩岸共識（「共識」實在是很重要的兩個字，沒有它，就沒有對話的可能性）。什麼叫做「一個中國，各自表述」？白話點的意思就是，怎麼去詮釋一個中國就看你高興了。前面我們講一個中國原則，還得透過想像「例外」的方法，繞個彎去讓這原則變得有彈性。而現在，大陸政府自己都鬆口說了，什麼是一個中國？你自己去解釋吧。這一點，也不能不說大陸方面的想法的確進步多了。

這時，就來發揮一下創意吧，事實上，台灣或大陸也不乏許多創意的說法。例如：一中屋頂、國中有國、一國兩府、未來一中、憲法一中、中華邦聯等等，甚至較具台獨色彩的陳水扁總統主張的「一邊一國」與李登輝前總統主張的「特殊兩國論」。如果這一邊一國與特殊兩國論指的是過渡性的兩岸分合模式，而非終局性的兩岸分合安排，那麼這兩項主張，也並未與一個中國原則相互排斥的。也就是說，如果一邊一國或特殊兩國論的論述中，並不反對「未來統一的可能性」的話，那麼仍可以將之定位為對一個中國原則的一種解釋。可惜的是，陳總統在總統大選中，強調要以一邊一國作為主軸和一個中國進行對壘，這就排除了一邊一國被涵納入一中原則作為認知台灣過渡性現狀的一種解釋的可能性。

從中性的角度看一中原則

我們不妨先從中性的角度，不要涉入太多對中國統一或台灣獨立的神聖堅持，來想想我們可以接受什麼樣的一個中國。你可以說所謂的一個中國，指的是「有條

---

54 《聯合報》，一九九一年五月二日。
55 《聯合報》，一九九一年五月四日。
56 這也是今天所謂的中國大陸對台「新三段論」概念的第一次提出。

件的未來中國」，而這條件就是中國大陸必須在民主和經濟條件與台灣相近時，在尊重台灣人民的意願情況下，決定是否統一；相反地說，如果中國大陸作不到這一點，就不能怪台灣不和中國大陸統一（甚至宣布獨立）。

你也可以說一個中國指的是「在當下台灣與中國大陸都以兩岸未來將邁向統一為目標努力，但保留台灣在未來否決一個中國（統一）的權利」，用白話一點來說，你要我們現在接受一個中國作為兩岸共同努力的目標，但前提是萬一這樣的努力失敗了，你還是得尊重我們在未來是否不要統一的意願。

或許有人會說，這種表述方式，對岸當局一定會反對，我卻不這麼認為。首先，我不過舉了兩種表述方式，這兩種表述方式就算未盡理想，有識之士仍可以想出更周延完備的表述方式。其次，這兩種表述方式是立之以理的，就算對岸當局也有他們的表述方式與我們並不一致（仍合於各自表述的共識），至少我們應該有信心，以理服人，說服對岸當局縱然暫時不能接受這樣的表述方式，也至少應表示同理的認知與諒解。第三，如果真的被悲觀論者言中，對岸當局實在太不講理，連諒解（並沒有要求他們接受）我們立之以理的表述都不願意的話，這時，我們再回過頭來否決一個中國原則也不遲啊！因為違反一中各表共識在先的是中國大陸，可不是我們！

條件不成就，兩岸不統一

所以呢？接受一個中國原則，特別是在「一個中國，各自表述」認知下的一中原則，指的是有條件的、未來的一個中國，台獨主張者第一件不須擔心的事是，這樣的統一絕不是現在，第二件則是可以感到寬心與寬慰的事是，因爲是有條件的，如果中國大陸眞像台獨主張者想的那麼糟糕，那麼台獨主張者就該有信心，這個條件（民主成熟、經濟繁榮的中國）是不會有成就的，那麼改國旗、改國號等台灣獨立建國的目標，只不過是現在不能實現而已，依照台獨主張者對中國悲觀的「信心」，台灣獨立這個目標未來一定會實現的。

當然，我知道，對中國這個名字，有些人就是打從心底不喜歡，那與理性無關，純粹是一種感情上的判斷，因此就算要他們權宜地接受一個中國原則，也是萬萬不能。這一點，我必須承認是無解的。然而，情緒問題是一種上綱到宗教層次的神聖使命，無從說服，唯一的解決方式就是訴諸暴力的「神聖對抗」。但下一個要問的就是，神聖對抗所將造成的毀滅式結果，會是大家眞心想要的東西嗎？

無法接納一個「惡意」中國的疑慮

我們再來看看第二個疑慮，叫我們怎麼去接納一個惡意的中國？

我講一個小笑話。

有一對蛇兄弟外出散步，蛇小弟不小心跌了一跤，然後就一直悶悶不樂，蛇小弟最後忍不住問：「大哥！我們有沒有毒啊？」

蛇大哥一臉疑惑：「你問的是什麼傻問題？」

蛇小弟回答：「哦！沒什麼啦！只是我剛才跌倒時，不小心咬到了自己的舌頭。」

對這位蛇小弟而言，他有沒有毒，從不是他所關心的事，反正被咬到永遠是別人，直到有一天他自己咬到了自己，他才會開始緊張「我有沒有毒？」

我們常常覺得中國大陸的政府對我們不友善，打壓我們。每當我們被對方咬了一口，就會深自感受到傷口裡毒液發作的威力，所以我們很生氣、很憤怒。但是，我們是否曾經冷靜下來看看我們自己，是不是也常常不自覺地去咬對方一口，當我們咬了他們時，我們是否曾經問過自己：「我有沒有毒？」

人與人的交往，同理心是最重要的，政府與政府的交往也是同樣的道理。

二〇〇〇年三月十五日，台灣總統大選前三天，中共國務院前總理朱鎔基語氣強硬地表示：「誰要是搞台獨，誰就沒有好下場。」並暗示要台灣民眾作出「明智的歷史抉擇」，否則兩岸的戰爭將可能成爲一種邏輯的必然。

明顯地，朱鎔基先生錯了，他不希望具有台獨色彩的人當選台灣總統，卻用了一種助長仇中意識的方式，幫助了具有台獨色彩的人有更大的機會當選總統。朱鎔基的錯，是錯在缺乏同理心，他沒有設身處地去思考過，如果他是台灣的選民，他會因爲對岸的威脅，放棄原本想支持的候選人，還是會因爲受到威脅而產生情緒反應，反而轉移支持對象，去支持對岸所不支持的候選人，來表達不受威脅的立場。哪一種可能性較大？

朱鎔基的錯誤演出，經常成爲我們詮釋中共的一個標準版本，我們不喜歡那一雙帶毒的利齒威逼我們，因爲那些不中聽的話語咬在身上，的確令人反感。

然而，我們的政府看得出朱鎔基的錯誤，卻未必由此警省自己，是否也經常在犯相同的錯誤？

「無恥！」「蠻橫！」「鴨霸！」這些情緒的用語，不是市井小民爭吵時的失控對罵，而是我們的政府官員經常用來形容中國大陸執政當局，琅琅上口的「外交辭令」。如果我們眞的介意中國大陸執政當局對我們有惡意，那是不是應該想想，這些措詞是會減少還是增加彼此的惡意呢？

當然，也許這些情緒用語之所以會脫口而出，有時候是因爲對岸當局作了一些打壓台灣的動作，但漫罵就會使得我們受到打壓的客觀環境得到改善嗎？這些相向的惡言，除了宣洩情緒之外，還能有什麼作用呢？

面對困境以理服人

以中共阻擾台灣加入世界衛生組織（WHO）與世界衛生大會（WHA）爲例，是否可以嘗試透過談判與諮商，找出中共在意的事，據理說服中共？我們應該試著讓中國大陸當局瞭解，如果眞的希望中國統一的話，那麼阻擾台灣加入WHA，讓台灣人民暴露在世界衛生防護的安全網之外，使得台灣人的健康受到威脅，這只會撕裂台灣人民對中國的情感，反而使中國統一的目標更難於實現。想辦法讓對岸當局瞭解這個資訊，讓他們作出有利於我們目標實踐（例如加入WHA）的決策，這才是理性的治本之道。

如果，我們只是以情緒性的口舌相譏回敬對方，連帶強化對岸當局的情緒反應，使兩岸雙方掉入鬥氣的負面情緒循環，那將更堅定對岸當局阻擾我們加入各個國際組織的決心。

事實上，我們也應該以更寬闊的胸襟自我期許，給中國大陸一點時間、一點包容，去等待他的成熟，而不要選擇他還懵懂的時候去衝撞他。

停止製造惡意

除了在政府對政府的交往中，我們的政府會犯下與對岸政府相同的「蛇小弟錯誤」，然而更不應該的是，我們的政府對中國大陸人民，也經常透過許多歧視性措施，去製造惡意。這些部分，在第十二章已有討論，在這裡僅簡略的帶及。

例如，中國大陸新通過的「身分證法」，將開放台灣民眾自二〇〇四年元月一日起，可依法請領大陸的身分證。政府官員聞訊後則立刻表示，大陸與台灣的身分證是「互斥的」，國人若去申請一張大陸的身分證，一經查獲將立即喪失台灣的身分。政府的確有權利不承認雙重國籍，但歧視性不承認雙重國籍，卻頗有疑問。

事實上，依我國的法律，並無否認雙重國籍的相關規定，亦即如果有人同時擁有中華民國國籍與美國國籍是不成問題的，但爲什麼同時擁有世界上其他任何國家的國籍政府皆可不問，獨獨不可以同時擁有中華民國和中華人民共和國的國籍？

除了在身分證上回到過去「漢賊不兩立」的時代，政府對於赴大陸投資的台商也始終抱持著異樣的眼光，總得殫精竭慮地作出種種限制。

相較於大陸的政府比較專注於對我們的政府進行打壓，我們的政府似乎更熱中對大陸的人民甚至對自己國民進行歧視性的壓迫。我們眞的比對岸的政府高明嗎？台灣眞的是一個比中國大陸更文明開化、尊重人權的地方嗎？

我們常常以台灣是一個民主國家感到驕傲，說眞的，我們的確可以因爲我們居住在一塊民主的土地感到幸運，卻未必可以因此而驕傲。

其實，民主也只是人類用來追求最大福祉的手段，只是在世界進步的時代潮流中，長久以來，民主的政治制度已經被驗證，是在現有人類所能想像以及所曾使用的制度手段中，最能增進人類福祉的一種制度。也正因爲這樣的驗證，民主這個手段被賦予一種普世價值的目的色彩（手段目的化），於今時今地的角度來看，倒不致引起太大的反對。然而並不能因此而忘記民主之所以讓人驕傲的地方，並不是「民主」本身，而是在民主的制度保障下所謂的福祉增進，其最重要的內涵是：人性尊嚴得以彰顯、人權保障得以落實。套用尼采（Fridrich Nietzsche）的修辭法來講，我們可以說「民主之偉大處，正在它是一座橋而不是一個目的。」㊼如果有「民主」卻輕蔑普世的人權精神，那麼這樣的「民主」何驕傲之有？

雙城記的啓示

就如同狄更斯（Charles Dickens）的名著《雙城記》（*A Tale of Two Cities*）中，作者不僅批判法國大革命前輕忽人權的暴君統治，也責難法國大革命後蔑視人性尊嚴的暴民政治。如果我們沒有一顆悲憫的心，不懂得尊重人權與保護弱勢者，那麼我們的民主也將只是一個空洞的名詞，我們最多只能覺得幸運，還好我們不是那群被歧視的大陸人民或台商，至於驕傲？我們要拿什麼出來驕傲呢？

「報復，是政府的事，不是法院的事。」這是一八九五年美國首席大法官富勒（Fuller）的一句名言。我想拿這句名言稍作修改，作爲建構兩岸關係的消極建議：「就算要報復，也請針對政府進行報復，而不要針對無辜的人民進行報復。」就算中國大陸的執政者對台灣有惡意，我們不得已所以要對對岸政府還敬之惡意，那也該區分中國大陸政府不等於中國大陸人民。況且，很多大陸人民來到台灣，例如從大陸嫁至台灣的新娘，這群台灣媳婦根本應當被看作台灣人民而非大陸人民，怎麼可以歧視她們呢？

是敵是友，一念之間

惡意只會累積惡意，只有善意才能開啓善意。雖然我不能保證，我們對大陸政府釋放善意就一定會得到對方善意的回應（他是否採取善意，操之在他）；但我卻可以保證，如果我們採取惡意的姿態對待中國大陸，善意就永遠不會來臨（我是否

57 尼采在其著作《查拉斯圖拉如是說》中曾寫到：「人類之偉大處，正在他是一座橋而不是一個目的。」

採取惡意，卻操之在我）。你當他是朋友，他至少有機會成爲你的朋友；但你當他是敵人的話，他就百分之百是你的敵人。

法國文豪雨果（Victor Hugo）在其名著《悲慘世界》（*Les Miserables*）裡有一句讓人十分感動的話：「您不用向我說您是誰，這並不是我的房子。這扇門並不問走進來的人有沒有名字，但是要問他是否有痛苦。」台灣，這民主之屋，爲什麼堅持要問進屋的人，他的名字是不是「中國人」？我們難道不知道民主的驕傲在於尊重人性、保障人權？民主進步、文明開化的台灣，難道不知道悲憫傷苦、扶弱濟傾是做人最基礎的本分？

中國會拖累台灣？

至於第三個疑慮，中國會拖累台灣嗎？

我的答案，還是我一直強調的那兩個字——時間。

一個中國原則，的確寓有對中國統一的期待，但既爲期待，它代表的意思就是一種未來的、有條件的設想。在第五章中，我們曾經區分台灣人民對兩岸分合的五種態度，主張「即統」者，可說是絕無僅有的，所謂的「統派」指的是座落在「觀望統」區塊的族群。因此在台灣，並沒有一種主流意見，是要我們立即的、無條件的與中國統一。所以，就算現在的中國如擔憂者所言是落後的，至少現在的我們無須擔心落後的中國會拖累進步的台灣；而未來，也還是不用擔心，因爲我們已經強調過了，未來就算要統一，也會是有條件的統一，最合理也最簡單的條件就是，中國大陸的民主與經濟發展水平已和台灣相近，既已相近，自無拖累之慮。

此外，自居進步，譏之落後也是一種量小氣薄的褊狹看法。以中國大陸這些年成長之速，我們還能那麼有把握地說台灣的經濟必然好於大陸嗎？至少，從歷史的宏觀角度來說，就算眞的好了一點，也應該謙虛地認知，這些都只是暫時的，我們似不必因此太過自抬身價。事實上，如果台灣擁有的暫時優勢，我們一則是要珍惜，並且惕勵自己加倍努力，以追求持續的進步；一則是要發揮助人精神，把自己的成功經驗分享給其他若干指標暫不如己的地區，協助他們盡快地擁有和我們一樣的幸福，絕不是、絕不該倚恃這樣的優勢去輕視別人。

運用智慧，善用共識

我想說一個小故事，作爲本章的心得與結語。

《一千零一夜》裡有一個小故事，大意是有一個聰明的檀香商人，帶了一百斤的檀香來到一個城鎮，因爲他聽說那裡的檀香最稀少、價値最高，但城裡騙子很多，特別喜歡欺負外地人，不過這座城的法律倒是規定很嚴格，人人都必須遵守約定，違約者必須賠償對方一百枚金幣。

檀香商人先遇到一個奸商，奸商說：「這裡檀香價值跟木柴一樣，我們都拿來燒火煮飯。這樣吧，我看你遠道而來挺辛苦的，你把手上的檀香都給我，我可以任由你挑一升的東西作爲報酬。」騙子想，即使你要一升的金子我也賺。

商人說：「好吧，明天你來拿檀香，我會告訴你我要什麼。」

不久，商人遇到一個獨眼人，因爲他和商人的眼睛都是藍色的，於是纏著商人說：「吼！被我捉到了，就是你，偷走我的一隻眼睛，快還給我，不然你得賠我一百枚金幣。」

商人回答：「你明天來找我，我再告訴你我要賠你什麼。」

獨眼人糾纏商人時，把商人的鞋弄破了，商人只好找補鞋匠補鞋，補完鞋，補鞋匠獅子大開口要求一百枚金幣的工資，並說：「你不讓我滿意，就別想走。」

商人於是說，「你明天來找我，我一定讓你滿意的。」

第二天商人找了許多見證人，見證他的履約。補鞋匠先來找商人要求履約，商人於是說：「這裡的國王不久前打了勝仗，消滅來犯的敵人，保衛了國家，你滿不滿意。」補鞋匠一聽，哪有膽子說不滿意，只能無奈地點點頭。商人說：「我已履行我的約定，讓你滿意，你可以走了。」補鞋匠只好離開，一毛錢也沒拿到。

接著獨眼人要求商人履約，商人說：「我決定把一隻眼睛還給你。這樣吧，我拔下我的一顆眼睛，你也拔下你的一顆眼睛，我們秤一下，如果兩顆眼睛一樣重，就證明我偷了你的眼睛，你就可以拿走它，否則你就得給我一百枚金幣。」獨眼人心想，他拿掉一隻眼還是看得見，我拿掉一隻眼就變成十足的瞎子了，只得無奈地給了商人一百枚金幣。

奸商跟著要求商人履約，把檀香給他，商人說：「沒問題，你捉一升的跳蚤來給我，其中一半是公的，一半是母的。如果你不能履約，就得賠我一百枚金幣。」奸商無奈地搖搖頭，只好賠錢。商人不但保住了檀香，還額外賺了一百枚金幣。

於是沒有人敢再騙這個商人，商人把一百斤的檀香用高價賣出，賺了一大筆錢後回到家鄉。

爲什麼要講這個故事？事實上，眞正聰明的人會避免挑在對自己不利的時機去和對手攤牌，爲了一時的意氣而反對。相反地，他還能運用對方所設下的遊戲規則反將一軍，將劣勢轉爲優勢，就如同故事中的商人一般。我們的政府當局在與中國大陸當局交流時，有時就是缺少故事中商人那種沉著的機智。其實，中國大陸當局要的不過就是一個中國原則，而且也同意兩岸雙方各自解釋什麼是一個中國（也就是一個中國，各自表述），這個要求（遊戲規則）既是中國大陸所設定的、所能接受的，最上策就是善用他所接受的遊戲規則（如九二共識）和他過招，運用智慧取得我們想要的東西。

進一步來看，我們同意一個中國原則，亦即有條件的、未來的兩岸統一，到底對我們會產生什麼樣的實際上傷害？倘若中國大陸達成了這些條件，那麼兩岸共同統一在相同水平的民主政權以及繁榮社會，有什麼不好？倘若中國大陸無法成就這些條件，那就是自己努力不夠，而不是台灣沒有誠意推動兩岸的統一。運用智慧把球還給對方，不是很好嗎？

兩岸面對統獨問題的善意交集

總之，摒除掉對中國這個名字的負面情緒（這部分是無解的）。筆者著實認爲，建構在「一個中國，各自表述」共識下的一個中國原則，已經是兩岸政府與人民再難尋得的「最大公約數」與「最大善意解」，不分藍綠，不問統獨，都不需要急著去否定這難得的「共同可能的善意交集」（見圖21-1）。從另外一個角度來說，在追求我們所想要的兩岸分合模式的同時，我們多少也應該花點心思去諒解，中國大陸的人民與政府又會希望未來的台灣與大陸會選擇什麼樣的兩岸分合模式。擁有這樣的諒解，不代表要屈從中國大陸方面的要求，去接受諸如一國兩制的安排。只是我們如果連這樣一點點的諒解工夫都不肯做的話，也將沒有立場去責備中國大陸政府從不願意諒解我們的想法。

不尊重別人的人，就沒有權利要求別人尊重自己。同樣地，不肯用同理心去體諒別人的人，又有什麼立場要求別人用同理心來體諒自己呢？

圖 21-1：兩岸面對統獨問題的「善意交集」

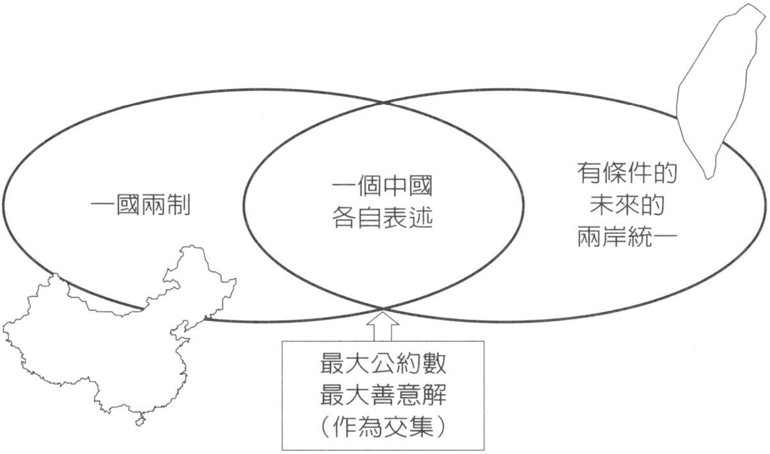

第二十二章

共同的等待

中國民主與經濟的成熟

請賜給我們胸襟和雅量，讓我們平心靜氣地去接受不可改變的事情；請賜給我們勇氣，去改變可以改變的事情；請賜給我們智慧，去區分什麼是可以改變的，什麼是不可以改變的。

——神學家尼布爾（Reinhold Neibuhr）

在兩千年總統大選期間，國民黨籍的總統候選人連戰先生提出了「邦聯制」作爲兩岸分合模式，提供了一個可能解。對於這樣的意見主張，民進黨的一位獨派大老則在報紙發表評論，表示『邦聯制』可以是改變兩岸現狀的另類管道」。並且作出一個結論：「不管什麼制度，只要是適合全台灣人民認同又能契合兩岸對國家定位問題的交集，都是可以探討的方向。」當然，該評論仍不忘強調：「只是在此前提下，一定需要台灣人民透過公投的方式來決定國家定位等問題。」[58]

其實，這就是一個出於善意、很正面的統獨對話範例。

台灣人民實在被對抗式的統獨操作迷惑太久了，統、獨一直都被視爲不可能共存的敵對陣營，只能不斷地僵持與對立。然而，卻很少人去思考，比統獨更重要的東西是什麼？也很少有人會想到，即使把統獨視爲最高目標，統與獨在實踐方法上，是不是也有交集的可能？前面的問題，我在第六章中已有討論，後面的問題，則是本章要談的重點，亦即統、獨的實踐路徑很可能有一部分是相同的。

統獨抉擇時間點在未來

有兩個問題，讀者不妨試著回答看看，除了神聖使命這個沒得談的理由外，如果你是支持中國統一的人，你爲什麼反對台灣獨立？同樣的問題也要問支持台灣獨立的人，又為什麼反對中國統一呢？

這兩個反向式的問句，重點在於藉此檢視，自己之所以主張特定的國家定位，目的是什麼？

台灣獨立最常被凸顯的壞處，就是可能會引起兩岸關係緊張，輕者衝擊我國經濟，重者引發戰爭，造成不可回復的浩劫。

中國統一最常被提到的弊病，則是和中國這個尚不民主或不夠富裕的國家統一，才是台灣眞正的劫難。

這時，筆者就要反問一個問題了，假設中國大陸不以武力相脅，同意透過一定的自決程序（如公投）讓台灣獨立，那麼台灣獨立有什麼不好？同樣地，如果中國大陸政治民主化、經濟自由化，那麼中國統一又有什麼不好？

從這兩個反對式的詰問，可以導出兩個重點，其一，從台灣內部的角度來說，統獨雙方陣營之所以反對台灣獨立或中國統一，最主要的原因是有個特定的條件未成就，所以不能獨或統，一旦條件成就時，如「台灣獨立時，中國不動武」或「兩岸統一時，中國民主化」，這時看似無法苟同的雙方主張，眞的還值得大家這麼計較反對嗎（可能還是會有其他的損益分析，但至少不會讓人覺得對方主張那麼難以

⑸⑻ 蔡同榮〈要不要邦聯，交由公投決定〉，《聯合報》，二〇〇〇年一月二十二日。

接受）？其二，明顯地，這「中國不動武」與「中國民主化」兩個條件，都不可能是現在當下所可能被滿足的，由此可知，對「現在」而言，統與獨都不可行，眞正要抉擇統獨的時間點是在「未來」。

時間是統獨問題的雙贏解

試想，中國大陸和台灣一樣有一個透過競爭性民主機制選出來的總統與國會，中國大陸人民的國民所得和台灣人民一樣，擁有相同的經濟生活水平，這時擁有民主包容性的中國大陸還會以武力爲嚇，反對台灣獨立嗎？而對這樣一個民主化的中國大陸，台灣還需要反對中國統一嗎？

筆者認爲，統獨問題，並不如想像中是一個零和與對立的問題，它有一個很重要的「雙贏解」，那就是「時間」。讓時間提供中國大陸成長的機會，讓他們在政治民主、經濟富裕、人權觀念成熟之後，擁有足夠的包容性，去包容從統到獨的一切兩岸分合的可能解。

或許有人會問，那要等多久？等得到嗎？

我們先來看第二個問題。未來的事，誰也說不準，但對中國成熟到來的可能性，我們卻可以從許多跡象得到樂觀的信心。

第一個跡象的信心是，台灣曾經成功地走過來了，如果台灣能，中國大陸爲什麼不能？相近的文化、語言、習俗、血緣，有些統一主張者，會以這一點導出中國該統的理由，我認爲這樣的判斷仍屬主觀範疇，這些相近因素並不在邏輯上構成中國該統的必然性（雖然把它們當成主張統一的理由也無可非難）。但至少，主張獨立者卻不能否認，從這些相近因素應可導出一個約略的結論，那就是中國大陸人民與台灣人民的先天資質是相近的，大陸人並不比台灣人優秀，相對地，台灣人也不比大陸人優秀。

假設台灣今天在政治與經濟上還「暫時」[59]超越了中國大陸，我相信不是先天質素所形成的，毋寧說是一些歷史事件連鎖反應後的結果。五〇、六〇、七〇年代，中國大陸做了一個錯誤的制度選擇，在進步的道路上整整空白了三十年，這才是兩岸拉開差距的原因。然而這場制度競賽剛開始的時候，台灣和大陸都是屬於較接近獨裁的政治體質。但不久後，台灣進入了蔣經國時代，從獨裁的政治體質蛻變成政治威權、經濟自由的體質，並在其執政後期，透過黨禁、報禁開放等政治鬆綁措施，使得台灣的民主芽苗得以移種在較豐饒的土壤上，在蔣經國先生中心思想明

---

[59] 容我用「暫時」這兩個字，因為放在時間的軸線上來觀察歷史事件，所有當下的優勢，都只是暫時的，例如一千年前的歐洲不比中國文明進步，但今天歐洲的富裕繁榮的確是超越中國。

確、有計畫、有步驟領導下，除了打造了台灣經濟奇蹟，更由於他的宏觀與胸襟，也為今日台灣全面民主政治打下基礎。

而大陸則因為三十年的空白，一直到一九七〇年代末期採行改革開放政策，才開始嘗試走向蔣經國先生的路。雖然遲了三十年，但如果我們還用幾十年前的集權中國來看待今天的中國，是非常不正確的。今天的中國，和二十年前的台灣有非常多相仿的地方，和蔣經國時代的台灣一樣，大陸選擇的是一條漸進式改革開放的路。

台灣能，大陸也能

如果，台灣能從獨裁的政治體質走到今天的民主政治體質，台灣能，大陸為什麼不能？假使我們今天回頭去檢視蔣經國時代的改革開放，你會發現當蔣經國先生開始讓民主成分滲入威權政治體系，將經濟權利自由放給人民時，一條不可逆的民主化、自由化的改革之路早已展開，這些改革的種子一旦在制度裡生根，就注定必將萌芽綻放，任何的威權者最多只能拖延，卻是毫無可能阻擋它的到來。

而今天，大陸的領導人也同樣將改革的種子漸次地置入了他們的制度之中，如果不可逆的民主化學反應在台灣作用過，那麼大陸也必然走向了一條不能回頭的進步之路。這絕不是一廂情願，因爲這樣的信心是源自於台灣的經驗，台灣的成功將會預言中國的成功。

第二個跡象的信心，大陸開始展開的法治與法制的努力。

「沒有法律，就沒有眞正的自由。」這句話，乍看之下，可能會當成台灣法學教授開授法學課程時，上課的第一句話。

事實上這是十二年前，我以海基會秘書長身分率團第一次正式訪問大陸，在大陸民航機上，隨意翻閱海外版《人民日報》一篇文章時所看到的一句話。那篇文章的題目是「法制：中國人的新觀念」。法制，對十二年前的大陸而言，是個多麼強烈的詞彙，對十二年後的今日大陸而言，仍舊是一個努力追求的目標，而對於再十二年後的大陸，它又會是什麼呢？

我還記得那篇文章引了許多提倡建立法律意識的小故事，其中一則是這樣的：「村裡丟了一台電視機，江西一個村子的村幹部捲起袖子便要挨戶搜查。一個小學生出面制止：『法律規定只有司法機關才有權搜查，你們這麼做便是違法行爲。』」

捍衛法律尊嚴的英雄典範

這則故事是眞實的還是虛擬的，無從得知，重點是這篇登載在中共官方媒體的文章，很明顯地想要把文章中的小學生塑造成一個英雄典範，而這典範的內涵則是「一個捍衛法律尊嚴，並知道運用法律保護自己權利的行爲。」⑹

另外，二〇〇三年大陸一位大學畢業生，因細故被廣州公安單位收容拘留，之後又在廣州公安的教唆下遭人毆打至死。此案促使大陸三個法學博士以普通公民的身分上書中共全國人大，要求中共對一九八二年頒布施行的「城市流浪乞討人員收容遣送辦法」進行違憲審查。這是大陸首度出現以民間形式要求中共執行憲法中賦予的人權保障，而中共總理溫家寶也旋即召開國務院常務會議通過「城市生活無著的流浪乞討人員救助管理辦法草案」，以取代上開遣送辦法。

這個事件，一方面顯示中國大陸民間已經有了法治的意識，也能夠成熟地運用這樣的法治意識去爭取人民應當得到的法律保護；另一方面，大陸官方也相應地展現了一定的誠意，來表示對憲法的尊重。

這讓我想到去年我造訪北京，在出了機場的大馬路邊，看到了一個大型的看板，上面寫著「認眞學習憲法」斗大的宣傳標語，這看板和我十二年在海外版《人民日報》所看到的文章，至少召示著一個希望，中國邁向法治社會的希望。

然而，要等多久？

我的答案是，不知道。我相信成熟中國一定會來到（這也是一種「必須的相信」，因爲成熟中國的來到，應是統派與獨派的共同希望，沒有包容性的民主中國出現，台灣獨立與中國統一都是不可能的），但我不知道這需要多久。

但也正因爲我們不知道那需要多久，所以我們應該要告訴自己，我們應該更有耐心且細心地處理兩岸關係。

或許有人會把大陸不放棄武力犯台，比喻爲以蠻力施壓台灣。就算同意這樣的比喻，這時問題來了，假設我們的力量不及他，我們該怎麼辦呢？是冒著生命危險去對抗他？還是不顧尊嚴地屈從他？

對抗與屈從外的第三種可能

我並不想去批評這兩種方式，對某些人來說，前者是勇氣的表現，後者是賣台的劣行。但對另一些人來說，前者可能是莽夫的愚行，後者可能是識時務的選擇。然而眞的只有這兩種選擇嗎？我想提供另一種經驗的可能。

猶記得一九九〇年，我在擔任紅十字會秘書長，兩岸當時爲了解決因爲原船（老舊破損）遣返（大陸同胞）而發生的悲劇，簽署了金門協議，爲兩岸遣返事務

---

⑥⓪ 由於這篇文章的觀念相當進步，引起我很大的注意，我還特別去找了同日大陸國內版的《人民日報》，可惜卻沒有這篇文章，也許當時的《人民日報》刊出該文，終究還是帶有宣傳意義。

提供了一個實用的框架。大家不妨去翻閱一下金門協議的全文，其中既無台灣二字，也沒有中國一詞。金門協議的經驗告訴我們，原來在解決實際問題時，台灣（中華民國）與中國（中華人民共和國）的名稱堅持是可以擱置的，只有暫時放下這種「名義」的爭執，才能解決現實問題，提升兩岸人民的共同福祉。

神學家尼布爾有一句有名的祈禱詞說：「上帝，請賜給我們胸襟和雅量，讓我們平心靜氣地去接受不可改變的事情；請賜給我們勇氣，去改變可以改變的事情；請賜給我們智慧，去區分什麼是可以改變的，什麼是不可以改變的。」

如果用這句話來對應兩岸關係的選擇，在依恃「勇氣」去對抗，與選擇「平靜」去屈從之間，原是有第三條用「智慧」去開闢的路。因此，也不要輕易地把不選擇對抗中國的人，掛上不愛台灣的譴責，他們之所以主張「智慧」的第三條路，其「愛台灣」的意念絕不亞於主張激進對抗中國的人。

「等待」就是最重要的籌碼

正因爲不知要等多久，所以等待本身就成爲最重要的籌碼。在正確與成熟的時機來臨之前，都不要去作統一或獨立的最後決定。中國民主未成熟時統一很可能是一場悲劇，而中國民主未成熟時獨立則很可能是一場災難。

最後，對於等不等得到，以及要等多久這兩個問題，也許有人會覺得我的看法太過樂觀，但我必須再說的一點是，不管這是不是一種主觀上的樂觀，就算客觀地從統獨的任一角度出發，也有客觀上必須樂觀的必然性。對主張統一者而言，這種客觀樂觀的必然性是毋庸贅述的，因爲失去了這種樂觀的預期，統一的主張在根本上就無以附麗，台灣有可能和不講民主、法治不彰的中國統一嗎？這是不可想像的事情。

然而對主張台獨者而言，這樣的樂觀態度，也是利大於弊的。就算你是願意爲台灣獨立這個目標拋頭顱、灑熱血，犧牲一切在所不惜，最激進的台獨主張者，我相信不用「犧牲一切」得來的台獨實踐，總是強過「犧牲一切」勉強換來的台獨實踐吧。原因很簡單，在中國民主與經濟未成熟時，台灣獨立將有很大的機會造成軍事對峙、引發戰爭，就算我們不用最悲觀的說法，說中國的軍事力量優於台灣，軍事對峙的結果，我們毫無勝算。但再樂觀的觀察者，也不能否認，中共至少擁有足以造成台灣人民重大傷亡甚至引發不可回復災難的能力吧。

我們來對應一個追求獨立的例子。一九九五年加拿大魁北克省進行了獨立公投，雖然最後百分之五十一的人反對獨立使得獨立失敗，但至少顯示了魁北克的獨立是有可能的，而其之所以有可能，原因之一不能說不是因爲具有民主包容性的加拿大也「有可能」願意和平接受這樣的結果。讓我們想想，到底一個獨裁的中國比較有可能接受台灣獨立？還是一個民主的中國比較有可能接受台灣獨立？答案應該很明顯吧。

祝福而不是詛咒

所以，等不等得到中國民主與經濟的成熟呢？要等多久呢？不管我們用什麼立場（統或獨），從什麼角度去分析這兩個問題，祝福一個國家或地區早日達到民主與經濟成熟的境界，難道不是我們這個自詡民主成熟的政府應該有的寬闊胸襟、基本禮節與健康的價值觀嗎？就算這些所謂的度量、禮節太不實際，即使純粹從台灣的實質利益出發，作損益分析，對我們而言，祝福中國比起詛咒中國，仍將是利大於弊的。

因此，有些人總是很喜歡用二分的方式去區分敵我，主張統就是「媚中」，主張獨就是「仇中」，於是「媚好中國」與「仇視中國」就變成了兩個勢不相容的對立團體，這是一種很褊狹的想法。

事實上，我們應該用更深層、更具包容性的觀點去思索這個問題，統未必是「媚中」，獨也未必需「仇中」。即令追求統一，也不可能任由中國大陸方面予取予求，統一的追求與談判是立之於理的，不合理的，當然要向中國大陸當局說不。同樣地，台灣獨立也絕不是、不應該是在創造「仇中意識」的狀態下實現，如果我們眞的認爲或希望台灣是一個與中國無涉的獨立國家（包括現在與未來），就應該試圖以道理說服對岸，台灣獨立並不傷害中國大陸的國家利益或台灣和中國的情感，即使是不同國家，但不因此斬斷兩岸歷史與血緣的關聯，兩岸人民與政府仍可以像歐洲聯盟那樣，共同爲區域的繁榮與進步奉獻心力。畢竟，就算台灣要獨立，也會希望身旁的一個偌大的國家，會是我們的朋友，而不是敵人。

第二十三章

尋找國家新意涵

「國家」是一個實踐的過程

當兩岸共同默許、同意一種新的國家形態，就等於為國家在意義範疇上延展了新的可能。兩岸與其拘泥於傳統的國家迷思，何不坐下來，認真思索各合所需的國家新意涵呢？

最後，我要以一篇刊在《自由時報》（二〇〇四年九月一日）的文章〈走出傳統迷思，尋找國家新意涵〉作爲本書的結論。

捷克文豪米蘭・昆德拉（Milan Kundera）在其名著《生活在他方》（*La Vie Est Ailleurs*）中曾寫道：「人只有當他完全處在別人中間，才能成爲自己。」這句話也可投射出政府在爭取我國國際地位的心理狀態。只有完全處在別人（國）中間，我們「才能成爲自己」。這也是爲何政府首長竭慮於創造諸如「Taiwan, ROC」或「ROC（Taiwan）」等名詞的緣故，係想藉正名凸顯台灣的國際地位。

不必非難這種「由群證我」的心理情愫，那是人性之常。只是若眞的把「處身他國之中」當成首要，就該省視我們所選的路徑，眞的有助於處身他國之中嗎？

首先，中華民國（或台灣）是不是一個主權獨立國家？一九三三年蒙特維多關於國家權利與責任公約列有國家的四項要素：人民、領土、政府、與他國交往的能力，我們無一不合，我們是個主權獨立的國家，已是國際法上不證自明的事實。或有人會問，爲何多數主要國家並不承認、遑論與我國建交呢？

國際法上通說所採的承認理論是宣示說，特定國際法主體構不構成國家並不依賴他國的承認。這有兩層意義：第一，我們是不是國家無待他國來確認；第二，即使我們是國家，他國仍無承認我國的國際法義務，承認與否，所據者不是法律理由，而是政治利益。換言之，我國不被他國承認，不是因爲我們無法用國際法理說服他國認同我們是國家，是因爲許多國家認爲，承認 PRC 比承認 ROC 要合於其外交利益。這樣的政治考量，即使 ROC 變成了 ROC（Taiwan），甚至有朝一日宣布獨立，變成 Taiwan 也很難改變。

這樣的外交困境該如何突破？我們該說服的不是基於政治利益擇中共而棄我們的各國，而是這「政治利益」所從出的本源——中國大陸。因爲，只要兩岸達成了默契與共識，在該共識的範圍內，各國沒有理由排斥與我國交往。

國家的意涵正在改變

但要如何面對中國大陸呢？可以「對等互待」爲核心概念，重新詮釋國家一詞的定義。何謂國家？國家的內涵是一連串「國際實踐」的結果。換言之，國家是一個與時俱進的詞彙。早期的國家是絕對權力的化身，強調國家權力（或主權）的最高、不可分割與不可讓渡的特質。但近世以來，這樣的觀念已漸弱化。國際法的建立，即挑戰了國家的最高性，因爲國家必須服從國際法。而二次大戰後，德國、韓國、越南及中國的分裂，形成分裂國家形態，不可分割的說法也因而動搖。分裂國家意謂著抽象概念上的一國，而實質分治的兩國，這就是國家一詞的新實踐，也賦予國家新的樣態與意涵。所謂的不可讓渡，也在歐洲聯盟整合過程中顛破。例如歐盟各成員國的憲法均有「主權讓渡」的條款，藉以將傳統歸屬於國家的權力，讓渡給超國家組織來行使。

換言之，兩岸與其強調最高、不可分、不可讓的國家權力，不如創造一個立基於平等，非最高、暫時可分、可讓渡權力於雙方合意默許的未來的超國家組織的國家詮釋。用「一個中國，各自表述」的邏輯來解釋，就是把一個中國詮釋為「未來的超兩岸組織」，這個超兩岸組織，只要兩岸合意，可以說它是新國家，也可以說它是類似歐盟的超國家。而所謂「各自表述」，則是對現狀的動態描述，雙方在這未來的超國家或新國家期待下，各自保有對現狀下自我國家狀態的主觀詮釋權，雙方可協議，在現狀下互相認可對方為國家、準國家、分裂國家或政治實體。換言之，若大陸方面不願承認台灣為一個完整國家，則相對地變成自己也不是完整國家，完整國家的出現，則留待未來的兩岸合意或結合。設若分裂國家是個雙方可互認的國家詮釋，那麼大陸方面就該讓台灣擁有在分裂國家詮釋觀下的國際參與空間。

可能有人會預斷地說，大陸方面不會同意這樣的主張。然而大陸不是已從「台灣是中國的一部分」這種帶有隸屬性（中國大陸為主，台灣為屬）的主張，修正成「大陸與台灣同屬中國」的平等主張了嗎？這顯示了對等互待的邏輯就算困難，也比片面衝撞式的國家堅持較容易化解雙方的歧見。

最後，國家是一個實踐的過程。當兩岸共同默許、同意一種新的國家形態，就等於爲國家在意義範疇上延展了新的可能。兩岸與其拘泥於傳統的國家迷思，何不坐下來，認眞思索各合所需的國家新意涵呢？

附錄

其他相關評論文

之一

制度比國家認同重要

刊於《中國時報》，二〇〇四年十月十六日

陳水扁總統認為已傳達善意的一場國慶演說，被大陸當局無情地批判。筆者認為，陳總統、大陸當局以及兩岸人民都有待檢討的地方。陳總統的問題不在於國慶演說內容有無善意，而是陳總統的「政治務實性格」，使得他在不同場合會做出南轅北轍的發言，令大陸當局無法信任，也讓國人無所適從。而大陸當局的問題則出在把「人」與「事」混淆了，太過就人論事。事實上，陳總統在三通直航的事務性問題上，的確有很明確的讓步與善意反應，大陸當局就算要否定陳總統這個「人」，至少也該「選擇性」地肯定國慶演說中帶有善意的「事」。

然而，不管懇諫陳總統言行一致，還是籲求大陸方面不要以人廢事，筆者都覺得，只怕是言者諄諄，聽者藐藐。因此，本文想以兩岸人民（特別是台灣人民）為對話對象，來問一個問題：一切的問題，似乎都出在「統獨」二字，而我們還要被這兩個字綁架多久？

台灣的獨派追求國家主權獨立，大陸的統派捍衛國家主權完整。但有誰想過，誰說國家主權是這世界上唯一重要的事？是上帝說的？還是放諸萬古而不易的真理？要知道，國家這個名詞，在人類演進的幾十萬年之中，出現也不過幾千年，而主權這個名詞，更是這幾百年的事情！甚至在強調全球化、促進地球村的融和共榮的進步趨勢下，所謂國家主權，已一次次地被超國家所削弱，聯合國、世界貿易組織、歐洲聯盟，這些被喻為世界進步指標、象徵人類幸福希望的超國家組織，就是國家主權弱化的等義詞。還把國家主權當成神話，只怕快是一個笑話了。

我能理解政治人物擁統簇獨的理由，因為那對政治人物自身可能是有利的。但我不解的是，為什麼人民竟可以被國家主權這個名詞綁架到如斯境地？兩岸仇視、對立，無日而止；在台灣，內政不修到三天兩頭就有人民活不下去而舉家自殺、黑心商品充斥商場威脅生命健康、治安惡化、不公的稅負、不義的法律……，只要舉起統獨大纛，國家主權就變成了鴉片嗎啡，讓一切生活上的苦痛拋諸雲空。

英國法學家勞特派特（Hersch Lauterpacht）曾說：「國家是為人類而設，而非人類為國家而設。」人民何時才能覺醒，我們是國家、政治人物的主人，而不是國家的奴隸、隨政客擺弄的傀儡。

接下來，或許有人會問，國家主權不重要？那什麼是重要的呢？我的答案是制度可以讓人幸福生活的制度才是最重要的。套進兩岸現狀來說，筆者不支持「急統」，並非反對中國這個名字，而是反對在兩岸制度還不相容的此刻貿然統一。筆者亦不支持「急獨」，沒有必要為了一個台灣共和國的虛名，引發戰爭，把我們辛苦耕耘的制度果實、親人家園一起賠進去。

我們都被國家主權至上的國家認同觀綁架了，而忘掉了真正促進人類進步的泉源是「制度」，制度是實，國家只是實踐制度的手段之一。制度認同，遠比國家認同重要而有意義得多。

若我們能有制度認同的智慧，就會體察到一件事，如果有一天，中國大陸和台灣一樣有一個競爭性的民主制度、擁有相同的經濟生活水平，這時中國大陸還會反對台灣獨立嗎？台灣還需要反對中國統一嗎？統不統，獨不獨，在那個時間點上，根本是不重要的。因為不論統或獨，人民都是幸福的。

統獨問題，並不絕對是零和與對立的，它有一個很重要的「雙贏解」，那就是「時間」，讓時間提供中國大陸成長的機會，讓他們在政治民主、經濟富裕、人權觀念成熟之後，擁有足夠的包容性，去包容從統到獨的一切兩岸分合的可能解。也讓時間，去提供台灣自身更精進於制度的機會，集中精神與資源去整頓日趨凋敝的經濟，居高不下的犯罪率、失業率、自殺率……。

而在那之前，兩岸則應互相尊重彼此的制度現狀，在實的方面努力交流，相互扶持；在名的方面，能讓則讓，不能讓就回到像九二年的智慧基調，給彼此各自表述的空間。

之二

中共反獨，訴諸公式

刊於《中國時報》，二〇〇四年十二月二十六日

大陸人大常委會第十三次會議昨天開始審議「反分裂國家法」草案。國內民調近八成表達反對，筆者能理解這樣的反對，但我們仍宜暫時排除情緒，試著從法律的角度來分析其影響。

中華人民共和國憲法序言中載有：「台灣是中華人民共和國神聖領土的一部分。完成統一祖國大業是包括台灣同胞在內的全中國人民的神聖職責。」看起來，若將反分裂或反台獨約略視為統一的具體內涵，似非無將之解釋為全體國民（從廣義解，包括了行政機關）的「憲法義務」的空間。

惟畢竟「完成統一祖國的大業」的用詞仍屬抽象，不論是其具體涵意或實踐的時間點（現在或未來）均不明確，因此這樣的「憲法義務」反映在大陸當局的行政系統（包括軍方）上時，則反分裂或反台獨，實際上會變成一種行政系統的政策，亦即其擁有很大的裁量空間，包括對「分裂國家」、「台灣獨立」的定義有解釋權，可以依不同的情勢條件進行彈性解釋；即便有所謂分裂國家、台灣獨立的情況發生，行政系統仍可裁量作不作為，或採取何種強度的作為。

但當政策變成法律後，這時，對分裂的定義，以及其相應作為，都將不再單純

是行政系統的「權力」，而變成了更為具體的「法律義務」。

當然，實際上行政系統的裁量權被緊縮了多少，仍須視規範密度高低而定。若該法對分裂國家、台灣獨立有較明確的定義、舉列具體的構成要件，或對出現分裂國家、台灣獨立的情況時，相應的制裁措施愈明確，則行政系統的裁量空間就愈小。甚至，若該法對分裂、台獨定義過寬，使得本未被認為是分裂、台獨的狀態，也被涵攝進該法的「制裁」範圍的話，將使兩岸臨戰的風險大幅提高。

然而，政府領導人對這樣的嚴重性，似乎僅抱著嗤之以鼻的態度加以觀察與回應：或認為大陸是個不講法治的地方，立個法也不一定會遵守；或認為大陸狠話說的夠多了，換用「法律」來說狠話，也沒什麼了不起。這樣的想法是相當危險的。

首先，對於大陸政府的守法決心，不宜低估。事實上，從改革開放到加入WTO，大陸為與世界接軌，投入許多法治面的努力。十多年前，筆者以海基會秘書長身分率團第一次正式訪問大陸時，在大陸民航機上的《人民日報》海外版上，看到一篇名為「法制：中國人的新觀念」的文章，讓我十分驚訝。法制，對十多年前的大陸而言，是個強烈的詞彙，但對今天的大陸而言，其內部不論在國人法律觀念的養成、法律人才的培育、法律制度的建設等各方面，確有長足的進步。前年（二〇〇二），筆者造訪北京時，看到了寫著「認真學習憲法」的大型看板，大陸政府就在熱鬧的大街上，清楚地向大陸人民宣示著法律（憲法）的重要性。

對法律角色日重的中國大陸而言，一旦反分裂、反台獨化身為「法律」時，若行政系統不依法作為，則將同時面對國內的「民族主義壓力」與「違法壓力」。換言之，對大陸當局而言，面對台獨「不作為」的可能性，幾乎不存在。

其次，正因為大陸行政機關過去說了太多沒有付諸行動的狠話，「反分裂法」的制定，更不容輕忽。須知，最狠的狠話是法律，其表彰的是白紙黑字、言而必踐的行動書，而這恐怕也是大陸制定「反分裂法」的原因之一，因為說得太狠卻做不到，將會使得國內的民族主義壓力指向行政系統，而制定「反分裂法」，由法律來說狠話，則可由法律吸收來自人民的壓力。此外，這也表示大陸行政系統自棄政策上的彈性可能，而逕以僵化的法律公式來處理兩岸關係。因為，其也體察出台灣的領導階層對大陸的狠話不但聽若罔聞，甚且還頗希望大陸多說狠話以堆疊其政治資本。

這十多年來，一方面大陸政府的高姿態經常挫折台灣人民的情感，二方面在李前總統與陳總統「仇中國化」政治工程主導下，兩岸人民的情感不斷被撕裂。放在這種每下愈況的兩岸格局，大陸方面祭出「反分裂國家法」，能令人有多大的意外？只是，筆者擔心兩岸若繼續「相煎太急」下去，浩劫將不會是「來不來」的問題，而是「何時來」的問題。

之三

現代墨子，病榻不忘兩岸

刊於《聯合報》，二〇〇五年一月四日

如果把參與政治事務比喻為進入修羅場，那麼在這修羅場中，永遠有一種兩難的處境會出現，那就是「剛則易折，柔則易曲」。比方說耿介如前財政部長王建煊，就在政治修羅場「剛折」了，是政界的一大損失。然而，要不被折損，部分政治人物則會墮入另一種糟糕的境地，那就是「柔曲」，忘卻了從政的目的是為人類追求和平，為人民追求福祉，而把保住個人官位、私利視為最高目標，曲意阿諛掌權者，喪失了應有的理想性，這樣的政治人物在當今政壇上所在多有，也不必一一臚列。

辜振甫先生可說是少數在這兩難修羅場中，剛柔並濟而能不折不曲的成功典範，要恰如其分地調融何時該堅持、何時須妥協，既能執著於理想不任同流，又能不露稜角地化消政治上的抗力，立穩腳跟，這需要極高的智慧。

辜先生是一位溫厚儒雅的長者，待人極為謙和。最早是因為商業上的接觸，筆者是律師，辜先生是企業領袖，因著這一層關係而認識，我和辜先生一樣，對公共事務的參與都極有熱誠，也都希望能為國家社會奉獻心力，於是筆者先後追隨辜先生參與了在俞國華院長時代成立的經革會，以及李登輝總統主持的國是會議。

嗣後，兩岸關係邁入了新的里程碑，筆者受政府委託，銜命籌組海基會，當時郝柏村院長詢及該敦聘哪一位望重賢達膺負海基會董事長的重任，筆者當即表示，雅智相兼、仁德俱備，是台灣人也是中國人的辜先生是不二人選。郝院長欣表贊同，而筆者去電當時人在日本的辜先生，辜先生毫不猶豫同意了。

於是，辜先先膺任了海基會董事長，筆者則擔任副董事長兼秘書長。回憶起來，那是一段愉快的合作時光，辜先生和筆者在對兩岸事務的推動上默契十足，幾乎不需要花時間溝通，除了辜先生大容的信任外，最主要的原因是我們在觀念上一無間瑕，都相信增進善意、鼓勵交流，是促進兩岸共榮共利的最大保證，這也使筆者在負責第一線的兩岸談判、交流溝通過程中，得到了很大的鼓勵。

筆者常在想，如果辜先生和筆者的想法，也是當時主政者的想法的話；如果我們那樣合衷推動兩岸交流的默契與方式可以延續至今的話，兩岸就不至於走到今天這樣互相叫罵、兵陣以待的局面。畢竟，海基會終究只是政府的「白手套」，若主政者沒有如是的同理心，海基會縱有善意、懷抱要改善兩岸關係，所能施為者，也將有限之至。

辜先生在病榻之中，筆者去探視，即使身體狀況已經不好了，他言談所及，全是對兩岸事務的關心，隻字不提私人的事，彷彿在他的心中只有對國家福祉、兩岸和諧的祈願，其他的全都容不下似的。但即使他言談中全是國事而不及於家，筆者卻能深刻感受到，那是因為他把對家人的愛放大了，而且那理所當然對家人之愛是無法以言語表達，這一點，筆者想藉本文傳達給辜先生的家人。

辜先生一生的仁心風範，讓筆者想到了古代的墨子。墨子一生為著「兼愛」、「非攻」兩個理念，奔走列國，勸和止戰，鼓勵世人相愛。辜先生這十多年來，將心力懸繫兩岸和平，就如墨子一般，摩頂放踵而不悔。可惜的是，辜先生有兼愛非攻之念，這十多年來掌握權力的主政者卻無善意交流之心，使得辜先生這樣的人才，這樣一位懷抱仁心的長者，竟也只能在期待不著下一次辜汪會談的遺憾中辭世。

這也是筆者對辜先生略有感慨的地方，筆者總覺得辜先生或可多說些公開的話，對主政者無心於兩岸善意促進的施為，提出較為剴切的逆耳之言。當然，也許辜先生也知道，言亦無益，他只做有影響力的事情，超於己力的事，他雖不同流，但選擇了不評價。

「生如夏花之絢麗，死如秋葉之靜美」這是泰戈爾的哀美的詩句。筆者敬謹的以這段詩句，獻給辜先生。

之四

哲人已逝，兩岸關係何去何從

刊於《中國時報》，二〇〇五年一月五日

海基會董事長辜振甫先生辭世，政府隨即關切繼任人選，並引起輿論對海基會存廢的討論。對於前者，筆者很確定，不會再有比辜先生更好的人選，辜先生的哲人氣質、雍容大度、深富學養以及對兩岸的高瞻洞見，重誠信不輕諾的性格也深得兩岸政府的信任，辜先生的存在，可說是「歷史的偶然」，這樣的人物是可遇而不可求的。而第二個問題，才是最弔詭的問題。如果說辜先生還有什麼遺憾，恐怕最大的遺憾就是，海基會沒有「廢」在辜先生任內。

大家可能忘了，若用軍事術語區分戰略、戰術兩個層次來比喻兩岸關係的話，海基會在一九九一年成立當時，是戰術層次的產物，用來指導海基會行動方針的戰略思想，則是在同年制定的國家統一綱領。按照國統綱領規劃，兩岸關係的推展是有條件、階段式地邁向統一，即區分近程（交流互惠）、中程（互信合作）、遠程（協商統一）三個階段，而海基會屬近程組織，其成立是因為政府對政府的接觸需要一個先行的潤滑，其使命則在於創造中程階段的互信氛圍，讓兩岸政府終能直接面對面談判，因此國統綱領中程階段的第一目標即明定為：「兩岸應建立對等的官方溝通管道。」筆者在擔任海基會秘書長時，即曾對會內同仁表示：「海基會最大的使命就是，在最短時間內完成其任務。」

十三年過去了，海基會並沒有風風光光完成使命，卻被政治局勢所冷凍。不但沒有把兩岸關係帶進國統綱領所規劃的「官方溝通」時代，連「交流互惠」都做不到，十三年後的兩岸關係，在某些方面（如敵視度、軍備對峙度）實際上比當初海基會成立的時候還倒退。

看到這裡，是否會覺得荒誕？筆者好像在貶抑海基會，若然，又怎能同時備加推崇擔任海基會董事長的辜先生呢？套句捷克文學家前總統哈維爾的話：「真正的意義只能從荒誕中看到。」表面上的荒誕，實際上一點都不荒誕。筆者拿兩個歷史的人物來比喻。

諸葛孔明是辜先生最喜歡的歷史人物，敬其忠心，佩其卓智。然而孔明的佐國大志終是未遂，並非才德不夠，而是劉禪難扶。不過，劉禪能力不足，孔明盡瘁其才，總有一線希望，最糟的是主政者根本無心。南宋高宗時代，岳飛縱有天略，抗金屢勝，但高宗無心復國，便注定岳飛要遺憾風波亭。

這十三年來的主政者，若只是能力不足的話，辜先生以其德智賢望，也仍必大有作為。可惜主政者並非無能，而是無心。猶記得海基會草創時期，由於辜先生的卓能領導，加以兩岸人民與政府均熱切期待交流，使得當時的海基會交出了亮麗的成績單。然而，當主政的李登輝總統決定冷凍在他任內所制定的國統綱領，以「仇視中國」為思想中心時。戰略（國統綱領）既蕪，對戰術（海基會）焉有期待？兩岸交流，辜先生是第一流、最好的人才，若主政者有心做十分，有辜先生相佐，可做到二十分；倘若主政者一分也不想做，甚至想做負分，辜先生再有其能，也是一籌莫展。

詳言之，海基會只是一個「應變數」，它並不能決定自己的功能，決定其功能的「自變數」，在政府最高領導人身上。如果領導人對兩岸交流態度是積極的，繼任者就算不如辜先生，亦堪以任。

如果我們願意按照國統綱領所設計的步驟去做的話，兩岸本可走向和平、攜手共創繁榮。大家好好看一下國統綱領的內容，會發現那是為台灣利益設想萬全，可攻可守的卓越大綱。可惜，國統綱領被李前總統棄如敝屣。

國統綱領揭示的是「有條件的、未來的、階段式的統一」。就算從台獨支持者角度來看，除了「統一」二字在詞彙上礙眼外，也無須擔心。第一，這樣的統一絕非現在；第二，因為是有條件的（大陸民主化、兩岸政經制度相容），如果大陸真像台獨主張者想的永遠糟糕，那麼這個條件就永不成就，則台灣獨立建國的目標，只不過是現在不能實現而已；第三，倘若大陸做到了這個條件，政治民主、經濟自由了，到時候統或獨，根本不會是問題，何必反對統一？或換過來說大陸又何必反對台灣獨立呢？

但政府領導人卻沒有等待的耐心，硬是要和中國大陸對撞，這是最令人遺憾的事。哲人已遠，辜先生已逝，與其討論誰適於繼任，不如期待現在主政的陳水扁總統能夠展現大智回到國統綱領，那才是使兩岸關係有所突破的最大關鍵。

之五

澆灌善意蓓蕾，綻放兩岸春天

刊於《聯合報》，二〇〇五年二月二日

寒流時日，令人稍感溫暖的是，封凍多年的兩岸關係吐露了兩朵含苞的蓓蕾：一是兩岸包機成行，一是孫亞夫與李亞飛來台弔唁辜振甫先生。雖然算不得盛燦綻放，但至少代表著兩個向著兩岸春回翹盼的希望。

只是，倘若兩岸直航包機早一年成行，倘若孫先生、李先生來台不是弔唁，而是拜訪辜先生，那麼這兩朵蓓蕾將是獻給辜先生最好的禮物。

無論如何，遲來的蓓蕾仍勝過不來。

首先，兩岸包機的成行，代表兩岸政府終能稍稍正視兩岸人民便利返鄉的需求，放下意識形態的糾纏。如果包機可以不觸及意識形態，純從人民的利益需求進行純事務性的解決，那麼很多事都可循此模式。

這也透露出一個很重要的訊息，只要有心，任何的僵持爭執、曲意差別，仍能找到共通處、共識點，只要專心在共識點努力求同化異，就能消弭對立、敵意。這求同之心，比諸部署數百枚飛彈對準對方，或是虛耗六一〇八億預算添購軍備，更能爭取民心，更能確保安全。

其次，孫、李先生來台，雖一再申言僅代表個人，不涉及官方，但兩人官方身分，終究說明了一件事：即便大陸方面知道兩人的身分有政治敏感性，但基於對辜先生的敬重與情誼，政治考量終究退位了，這表示大陸政府並非如台灣部分政治人物醜化的不近情理，人情義理仍可以優先於政治堅持。若兩岸政府能把這樣的心情擴大，那麼兩岸更交融地化消歧見，就指日可期了。

善意雖小而彌珍，對兩岸關係尤是如此。畢竟自一九九四年李登輝前總統自比摩西要出埃及後，兩岸關係即漸漸被寒冰封凍八年之久。期間甚至常有劍拔弩張之勢，令有識者不能不憂。好不容易在那麼多年後，有了這一些善意基礎，自當珍而視、愛而惜。

兩岸關係的惡化，台灣與大陸政府各需擔負一半責任，特別是兩岸在統獨問題的思考上容易陷入僵局，最重要的原因之一，就是缺少互動性、同理心的思惟。一旦失去了同理心，只單方面強調民族信仰、國家堅持，就很容易否定對方的主張，甚而把一些無足輕重、微不足道的差異放大、渲染，並一步步地撕裂彼此的感情。

相反地，如果能提醒自己轉換角度，獨傾者、統傾者分別試著站在對方的立場思索，就會發現差異並不如想像的大；也會發現即便是統與獨，中間仍可以有不涉及統獨的公約數存在，例如包機的成行，乃至於未來可期待的通案式直航。

只要好好經營這中間的公約數，筆者有信心，五十年後大家會發現，統和獨很可能指的根本就是同一件事：那就是如何讓同文同種的兩岸人民，生活得更幸福、更和諧、更有尊嚴。

最後，這篇文章，筆者一方面是寫給我們的政府看的；另一方面，也是寫給「遠（特別是政治上的遠）」從大陸來台灣的孫先生和李先生看的；三方面則獻給辜先生。大家不妨想想，為什麼我們今天這麼崇隆地追思著辜先生，因為辜先生對兩岸同胞深厚的同理心，一直啓示著兩岸政府該如何增進彼此情誼、化異同融。可惜的是，兩岸政府在他生前，始終沒能臻於辜先生的境界。

希望這新年開始好不容易吐露的兩朵蓓蕾，能夠在同理心與善意的澆灌下，燦爛地綻放成兩岸的春天，那將是對辜先生最好的禮讚。

之六

反分裂法，有這麼嚴重嗎？

刊於《中國時報》，二〇〇五年三月十六日

從獨派角度來看，「反分裂法」很難如同溫家寶所言的「不是戰爭法」。因此，獨派發起三二六大遊行，可以理解。然而，從大多數贊成維持現狀的台灣人民角度來看，「反分裂法」有哪些該被非難的地方呢？

其一，反分裂法讓大家不能接受之處，就是「奇檬子」問題。假如大華告訴小美：「不准嫁大明。」就算小美本就沒打算嫁大明，也會不高興，因為她會覺得自由意志遭到干涉。同樣，大陸用「反分裂法」告訴台灣人民，不准台獨，即使人民本來並沒打算台獨，但會覺得不舒服，也不太令人意外。

只是，這位大華（大陸），打從幾十年前，就一直嚷嚷不准小美（台灣）嫁大明（台獨）。今天換在家裡貼出個「反嫁大明法」，為什麼就特別讓小美無法忍受，決定上街遊行呢？大陸反台獨，也不是一天兩天的事了，訴諸法律的反，和不訴諸法律的反，差別在哪裡？為什麼要特別的不高興？原因可能是訴諸法律的反，基於法律帶有的約束性、正式性，讓人覺得反的效果強度升高了，所以情緒上的不悅也相對地升高。

但除了這兩點情緒問題之外，從該法的內容來看，對主張維持現狀的大多數人言，筆者倒覺得，拆除「反分裂法」的法律外觀，事實上，「反分裂法」的內容，比諸長期以來大陸方面對台的許多政策主張，是寬鬆了許多的。

首先，「反分裂法」中，只提「中國」，完全未提「中華人民共和國」。這是一個重要的鬆步，因為過去大陸對兩岸關係的描述，主要建立透過「台灣等於中國的一部分」、「中國等於中華人民共和國」這二個大小前提，來達成「台灣等於中華人民共和國的一部分」的結論，採取的是一種隸屬性的描述，台灣當然不能接受。而在「反分裂法」中，則透過第二條第一項的規範，轉化中國為一個加法概念，亦即「中國等於台灣加大陸（中華人民共和國）」，換言之，這個中國是一個政治上尚屬虛擬的未來式，而台灣與大陸都「只是」其各自的一部分。這當是該被肯定的進步。

其次，雖然大陸還是有部分官員會說出傷害台灣人民情感的話（如之前李肇星的發言），但大陸最高領導人胡錦濤與溫家寶，在近來的發言中，表現了難得的謙讓，用辭相當謹慎。特別是賈慶林與胡錦濤兩人先後提出強調的「尚未統一」與「同屬一中」論，這等於在邏輯上承認了兩岸分治的事實，可惜「尚未統一」這務實文字並未進入「反分裂法」。但胡溫賈三人的和緩態度，我方政府領導人仍應給予肯定。

第三，在該法第七條，也難得使用了「平等協商」的平等二字。大陸方面過去常以大為尊，雅不願與台灣論及平等，給人霸道的感覺，但在反分裂法中凸顯了平等二字，應給予相對的肯定。

第四，雖然獨派團體把「非和平」與「武力」畫成等號，惟從字性上看，「非和平」雖和「武力」仍同屬負性詞彙，但前者的強度的確低於後者，這又不能不說是一種進步。

雖然「反分裂法」讓台灣人民覺得自由意志受到干涉，在情緒上不高興。但一則，大多數台灣人民本就沒打算（至少沒打算現在）獨立；二則，依中華民國憲法（一部「反分裂」的憲法）乃至於陳總統的四不一沒有的宣示，我們現階段的兩岸政策和大陸的反分裂法實際上也沒有扞格之處；三則，偶爾也不妨站在大陸立場想想，立刻要其空白授權到連台獨都接受，也有點強其所難；四則，這部法律其實充滿了不明確待解釋的詞彙（該法第八條非和平三條件的後二條件），使其究實只是一個「披著法典外衣的政策聲明」，實不需太過緊張。除非，我們期待大陸制定的是「歡迎台獨法」，否則就「反分裂法」的內容來說，我倒是認為大陸的立場其實是鬆多於緊的，進步多於退步的（雖然進步幅度可能不夠）。可能政府還是認為「奇檬子」最重要，所以決意要辦百萬人三二六大遊行發洩發洩，但筆者真的有點好奇，「反分裂法」有這麼嚴重嗎？

之七

讚美善意，擴大善意

刊於《中國時報》，二〇〇五年四月二日

大陸願協助台灣加入WHA。這則新聞，讓我想到兩個問題。

第一，對台灣言，執政黨應該要給大陸方面掌聲。善意雖小而彌珍，對兩岸來說這個觀念很重要。然而執政黨常自限於意識形態立場，對大陸會出現擴大惡意、忽視善意的表現。近來許文龍的退休感言、施振榮表態不續受國策顧問之聘、三二六遊行的動員不若預期……在在顯示執政黨運用語言操作政治利益的結果，反自陷意識形態泥淖不得自拔。

同時，對大陸的善意，又常視而不見。「反分裂法」的內容將平等協商、同屬一中納入，以及最高領導人胡錦濤先生對台灣發言的節制與溫謙，這些都是一種態度與政策上的善意進步，就算要譴責惡意，也該公平地讚賞善意。

台灣加入WHA的議題也是同此，「對的事，不會因為討厭的人去做，就變成不對的」，雖然這份禮物，是執政黨所不喜國民黨與共產黨談出來的，但有利於人民的事，就要大方讚美。甚至，這些「談」出來的構想，要「做」時，反而是執政黨的舞台，就如兩岸包機是國民黨人士談出來的，但最後成行的成績卻必然是算在民進黨政府的身上，因為它擁有執行政策的能力。

第二，對大陸來說，這代表大陸開始朝較正確方向調整兩岸政策。首先，中性的來看，追求台灣獨立或追求中國統一，兩者並沒有什麼誰是誰非的問題，只是各自的目標罷了。但追求方法卻大有議論空間。日前，我看了一篇將北風與太陽故事比擬兩岸關係的文章，相當貼切，大意是：

如果大陸政府真的有心追求兩岸統一，就要避免當「北風」威壓台灣，那只會逼台灣人民漸行漸遠。要當一個「太陽」，體會台灣人民的心情，一方面對台灣人民釋出更多更大的善意，另一方面加緊自己內部的建設，只要大陸經濟繁榮了、政治民主了，並且對台灣累積了滿滿的善意，討得台灣人民的歡喜，在時機成熟時，台灣人民自然會敞開胸懷，接納統一。

協助台灣加入WHA，就是一種「太陽作法」。

大陸應該要對自己更有信心，大陸本身近年來的快速蓬勃是有目共睹的，快速的經濟成長速率、日漸重要的國際地位……，對中國大陸而言，如果兩岸統一是衷心的期待，那麼所差的條件只有一個，就是時間。在時間條件尚未成熟之前，大陸要保持更多的耐心去等待，用智慧營造兩岸和諧，不該以武力為後盾，威逼統一，將心比心來想，大陸方面想像自己是台灣的人民，這時有可能在武力的壓迫下，誠心誠意地與大陸成為一家人嗎？

甚至可以大膽地說，有朝一日，中國大陸「不反對台灣獨立」時，那就會是中國統一的時候了。因為，那代表那時的大陸已成熟、夠信心到可以包容一切可能性，這樣的一個中國大陸，台灣應會有更大的意願與大陸統一。

協助台灣加入WHA，這是很棒的善意，但大陸還應該可以釋放更多的善意給台灣人民，例如協助加入其他國際組織，主動讓台灣享有類似大陸和香港簽定的「更緊密經貿關係安排」中的優惠等等。讓兩岸所有人，努力地讚美善意、擴大善意，營造屬於我們的永久和平。

之八

五十年後，追求的是世界福祉

刊於《聯合報》，二〇〇五年四月二十九日

昨日，華夏聯邦共和國總統大選結果揭曉，陳楚戰獲得全國百分之五十七的過半選票順利當選。這是自二〇三五年，中華人民共和國與中華民國（台灣）合併並改名後，二十年來第一位當選華夏國總統的台灣省籍總統。特別是陳總統在選舉期間表示，若當選將在聯合國世界議會上正式提出世界憲法草案，推動「世界共和國」的成立，以結合世界各國力量，共同對抗世界人口危機與能源危機。陳總統當選後，是否會落實這項政見，極受世界各國關注。（聯合國特訊社，紐約報導，二〇

五五・四・二十八〕

自二〇三五年，中華人民共和國與台灣共和國共同在亞洲聯盟提出亞洲憲法草案之後，亞洲共和國隱然成形。昨日，彷彿歷史重演，中華人民共和國與台灣共和國又共同在聯合國世界議會上提出了世界憲法草案，呼籲盡速成立「世界共和國」，以結合世界各國力量，共同對抗世界人口危機與能源危機。這項呼籲，獲得世界各國的高度重視。〔聯合國特訊社，紐約報導，二〇五五・四・二十八〕

連戰訪問中國大陸，將與大陸國家主席胡錦濤會面。我們該怎麼看待這件事？這是一個「歷史時刻」，代表兩岸將正式邁入和解共榮的歷史時刻，或是如深綠人士所擔心的，是台灣將沉入萬劫不復的歷史時刻？又或，這只是一個熱度僅僅會持續一週的新聞而已？

不同的解讀，不同的期待，就會有不同的反映。於是藍的歡欣雀躍，綠的不惜以流血衝突要點醒人民：連戰賣台。

是什麼呢？筆者觀察了數天的新聞，我想，要找答案，恐怕不能站在「今天」去思考，而必須站在「未來」去反想。明天過後，連戰訪中後所引起的連鎖反應，將引導台灣、兩岸走到哪裡去？於是我把這用來假設性觀察現在的未來時點訂在五十年後，用科幻的方式虛擬了這兩則新聞，一個是統的狀態，一個是獨的狀態，但如果認真去看會發現，筆者所虛擬的統、獨的狀態看似不同，結果卻是相同的，那就是，在這兩則新聞中，兩岸不論在政治上形成的是統是獨，他們是合作的，他們關心的事情是相同的，他們共同在追求的是，比台灣與大陸還要更崇高的目標——世界的福祉。

當然，這兩個結果都是虛擬的，你也可以說筆者這種世界主義的論調虛渺不實。就如同今時今刻，人類所崇尚的民主、人權、尊嚴，對五百年前的人類來說，一樣是虛渺不實的高調一般。今日世界尚未進步到「那個理想程度」的「事實」，並不能、也不應妨礙我們對那個理想的追求。一旦我們能把自己的高度拉到那理想的地方去時，回頭看今天的連戰訪中，就會有不一樣的期待。當我們擁有了那樣的理想時，就會知道統與獨，都不是、也不該是我們所追求的最高價值。什麼是最高的價值？是人類的集體幸福，是人類的集體尊嚴。統與獨，都只能、也只應該是服務於這個最高價值的「過程」。

這認知是重要的，但我們站在「今天」卻常常看不清楚。中正機場的流血衝突，統派的亢奮與獨派的失落，都代表一定程度的「被綁架」，我們被自己的意識形態綁架，也被政治人物的口號綁架。

我們該給連戰、該給胡錦濤，以及該給陳水扁的期許，其實都是一樣的，交流、互信、友善、合作，開創彼此的善意循環。如果連戰訪中，將帶來這樣的循環，那將是兩岸人民的共同幸福。

仇恨只會帶來更大的仇恨，只有善意可以帶來更大的善意。如果我們仍偏執在一種自己虛擬出來的仇恨時，二〇五五年的未來，也可能會是一個與篇頭想像完全相反的未來。新聞裡描寫的可能是一個戰後的殘破景象，可能是一個恐怖分子自殺引爆炸彈的景象，可能是一群黑髮黃膚的孩童無助地站在街頭乞討的景象。

五十年後，我們要選哪一個景象呢？就在今天你我的心中。

之九

善意種子，植成和平大樹

刊於《中國時報》，二〇〇五年四月三十日

連戰與胡錦濤一席春風洋溢的會談，不只為北京帶來滿溢的盎然，也為封凍五十六載的兩岸，開啓了一個重大的新契機。

在連胡會中，我們看到不只是會談雙方彬彬行止、謙和互動、感性地交流，更重要的是，我們看到了善意，那是兩岸關係過去之所以不斷地寒降封凍的最大原因，沒有了善意的溫煦暖照，就盼不到兩岸的明媚春天。

首先，要肯定連戰先生無任阻礙地跨出了訪問大陸的步伐。「紅帽子」本身並不可怕，可怕的只是「怕戴紅帽子的心虛」。過去，國民黨在兩岸關係的論述上、作為上，遮遮掩掩，正是對自己信心不足所致。而今天，連先生自忖所為所行純是為了人民福祉，因此即使執政黨阻障盡出，也勇無反顧地踏上了北京。這樣的自信，來得雖晚卻不遲。就如同連先生北大三十分鐘演講，博得十九次掌聲，這些熱烈的掌聲，連戰當之無愧。

其次，要肯定胡錦濤先生。胡先生上任大陸國家主席後，對台發言一直保持著謙溫節制，在這次連戰訪問的過程中，也一直表示著對台灣的善意。從送貓熊、協助加入世界衛生大會、研究如何在對等情形下，將形式的政治主權爭議凍結，好讓台灣實質上享有FTA（自由貿易協定）與CEPA中的優惠待遇等等。雖然筆者覺得，大陸還可以做更多（例如撤除飛彈），但我們可以對大陸未做的善意，呼籲要求。然而，對大陸已然釋出的善意，也應該有風度、大方大容地加以讚美，尤其是陳總統以及執政黨的眾官員，更該如此。

然而，執政黨看起來似乎還是用一貫的制式反應，來看待連胡會所營造的善意。大陸惡意時，就說對方惡霸；大陸好不容易善意了，卻又說那是統戰，而避如蛇蠍。捫心自問，這兩面否定的態度，是否不太公平也不太合理呢？

以大陸方面送貓熊為例，執政黨立刻搬出的說法是「接受了，可能會因此矮化台灣」、「依華盛頓公約，技術上有困難」。這些都是畫地自限的卸詞，真有心要大方接受對岸的善意，就一定有辦法可行。

就如筆者代表簽署的金門協議，可以完全不涉及主權爭議地解決實際問題一般，貓熊一樣可以用不涉主權爭議的方式收下，至於搬出華盛頓公約則更屬無稽。兩岸的關係本就特別，自可創設既非「國內」，亦非「國際」的移轉形式來處理這法律疑慮，這讓法律專家來規劃即可，有何困難呢？做或不做，完全在執政者一心，何必搬出無辜的法律當擋箭牌呢？

大方地接受連胡會所獻出的善意禮物吧，就算這些善意以執政黨的標準來說或許還不及格。但一則先收而納之，並無害處；二則須知，善意常常是更大善意的引子，大方收下這些「小善意」，這樣對岸才會受到鼓勵，而有釋出「更大善意」的可能。期待執政黨能讓連胡會種下的善意種子，透過執政之手，蔭護栽植成為和平大樹。

之十

陳總統，拿下和平獎吧！

刊於《中時晚報》，二〇〇五年五月一日

今天陳總統，已經站上了歷史的抉擇點了。過去，歷史曾經給過李前總統開創兩岸新局的機會，但對不起人民的是，他反把兩岸帶至更封閉的僵局中。而現在，歷史又把機會給了陳總統。陳總統可以如同李前總統一樣，再度狠狠地摔爛眼前的兩岸和平和解的契機，使得他如同李總統一般，即使在位時權傾一時，但當時間逼他下位時，卻注定是一個歷史上無煙無痕、在兩岸上了無建樹的政治過客；但他也可以作出完全不同的抉擇，透過他的行政權力，引導兩岸步臻共榮，成為留名世界的和平天使。只要除去以往瞻前顧後的反覆顧慮，那麼連胡會為兩岸探出的羊腸小徑，就會在陳總統手上拓成康莊大道。

連胡會不但為陳總統鋪好了一條從台北到北京的紅地毯，更為陳總統搭造了通向諾貝爾和平獎之橋。因為兩岸和平的鑰匙，兩岸各有一把，但必須同時插入鎖孔，才能開啓。而台灣的鎖握在陳總統手上，一旦兩岸和平的大門開啓，這造福兩岸人民的歷史之功就將歸屬陳總統；諾貝爾和平獎，陳總統也必是不二人選。

時間、歷史是不等人的，只剩三年任期的陳總統，還能有多少時間蹉跎呢？想想和平獎在手的歷史榮耀，想想為台灣人民謀福的歷史使命，期待陳總統作出畫時代的歷史抉擇！

國家圖書館出版品預行編目資料

假設的同情：兩岸的理性與感性／
陳長文著. -- 第一版. -- 台北市：天下遠見，
2005〔民94〕
面；　公分. ——（社會人文；GB224）

ISBN 986-417-522-X（平裝）

1. 兩岸關係

573.09　　94011901

閱讀天下文化，傳播進步觀念。

- **書店通路**—歡迎至各大書店·網路書店選購天下文化叢書。
- **團體訂購**—企業機關、學校團體訂購書籍，另享優惠或特製版本服務。
  請洽讀者服務專線 02-2662-0012 或 02-2517-3688 * 904 由專人為您服務。
- **讀家官網**—天下文化書坊
  天下文化書坊網站，提供最新出版書籍介紹、作者訪談、講堂活動、書摘簡報及精彩影音剪輯等，最即時、最完整的書籍資訊服務。
  www.bookzone.com.tw
- **閱讀社群**—天下遠見讀書俱樂部
  全國首創最大 VIP 閱讀社群，由主編為您精選推薦書籍，可參加新書導讀及多元演講活動，並提供優先選領書籍特殊版或作者簽名版服務。
  RS.bookzone.com.tw
- **專屬書店**—「93巷·人文空間」
  文人匯聚的新地標，在商業大樓林立中，獨樹一格空間，提供閱讀、餐飲、課程講座、場地出租等服務。
  地址：台北市松江路93巷2號1樓　電話：02-2509-5085
  CAFE.bookzone.com.tw

社會人文 224

假設的同情

兩岸的理性與感性

作　者／陳長文
系列副主編／詹小玫
責任編輯／吳佩穎
封面設計・美術編輯／連紫吟、曹任華（特約）
全書照片提供／遠見雜誌、中央通訊社、AFP / TDI

出版者／天下遠見出版股份有限公司
創辦人／高希均、王力行
遠見・天下文化・事業群　董事長／高希均
事業群發行人／CEO／王力行
出版事業部總編輯／許耀雲
版權部經理／張紫蘭
法律顧問／理律法律事務所陳長文律師　　著作權顧問／魏啓翔律師
社　址／台北市104松江路93巷1號2樓
讀者服務專線／（02）2662-0012
傳　眞／（02）2662-0007；2662-0009
電子信箱／cwpc@cwgv.com.tw
直接郵撥帳號／1326703-6號　天下遠見出版股份有限公司

電腦排版／立全電腦印前排版有限公司
製版廠／立全電腦印前排版有限公司
印刷廠／盈昌印刷有限公司
裝訂廠／政春裝訂實業有限公司
登記證／局版台業字第2517號
總經銷／大和書報圖書股份有限公司　電話／（02）8990-2588
出版日期／2005年8月25日第一版
　　　　　2013年4月25日第一版第5次印行
定價／350元
ISBN：986-417-522-X
書號：GB224

BOOK zone 天下文化書坊 http://www.bookzone.com.tw

※ 本書如有缺頁、破損、裝訂錯誤，請寄回本公司調換
※ 本書僅代表作者言論，不代表本社立場

Believing in Reading

相信閱讀